Liebe Leserinnen, liebe Leser,

noch immer bestimmt das neuartige Corona-Virus unser Leben und hält uns von Reisen in unser Lieblingsland ab. Doch jetzt im Frühling 2021 keimt Hoffnung auf, dass wir im Jahresverlauf wieder die USA besuchen können. Impfstoffe und neue Teststrategien könnten eine Chance dafür sein, dass wir das Land der unbegrenzten Möglichkeiten erneut erkunden dürfen und die brachliegende Tourismusindustrie mit tausenden Beschäftigten wieder eine wirtschaftliche Zukunft hat.

In dieser Ausgabe von 360° USA möchten wir Sie trotz des faktischen Reisestopps inspirieren und die Reiselust auf der heimischen Couch fördern. Auf den folgenden Seiten reisen wir quer durchs gesamte Land – angefangen mit einem ausführlichen Portrait des Lone Star State Texas, dem zweitgrößten Bundesstaat der USA: Christian Heeb blickt zurück auf viele Besuche im einzigartigen Big Bend National Park, während Christian Dose unterwegs zu Cowboys und auf deutschen Spuren im Hill Country war. Außerdem stellen wir Ihnen Austin, die Hauptstadt des Bundesstaates, sowie vier einzigartige State Parks rund um Dallas vor. Michaela Urban wiederum erkundete die Chesapeake Bay, die größte Flussmündung der USA. „Maritim" ist auch das Stichwort für Tobias Sauer, der an die Geschichte der ersten Siedler in Neuengland erinnert. Und auf einen Spaziergang durch die Flower-Power-Kultur in San Francisco begab sich Michael Juhran.

Vor allem freuen wir uns, Ihnen mit dieser Ausgabe von 360° USA zusätzliche spannende Geschichten und Analysen zu bieten: Im Rahmen einer Kooperation mit dem AmerikaHaus NRW e.V. erscheint das AmerikaHaus NRW Journal künftig regelmäßig in 360° USA. Zum Start stellt sich die unabhängige Plattform für deutsch-amerikanische Beziehungen ausführlich vor. Freuen Sie sich überdies auf eine Nachlese zu den US-Präsidentschaftswahlen.

Wir wünschen Ihnen viel Spaß beim Lesen dieser Ausgabe und vor allem viel Gesundheit – und wir drücken uns allen die Daumen, dass wir 2021 wieder in unser Lieblingsland reisen dürfen!

Ihre Redaktion von 360° USA

Inhalt

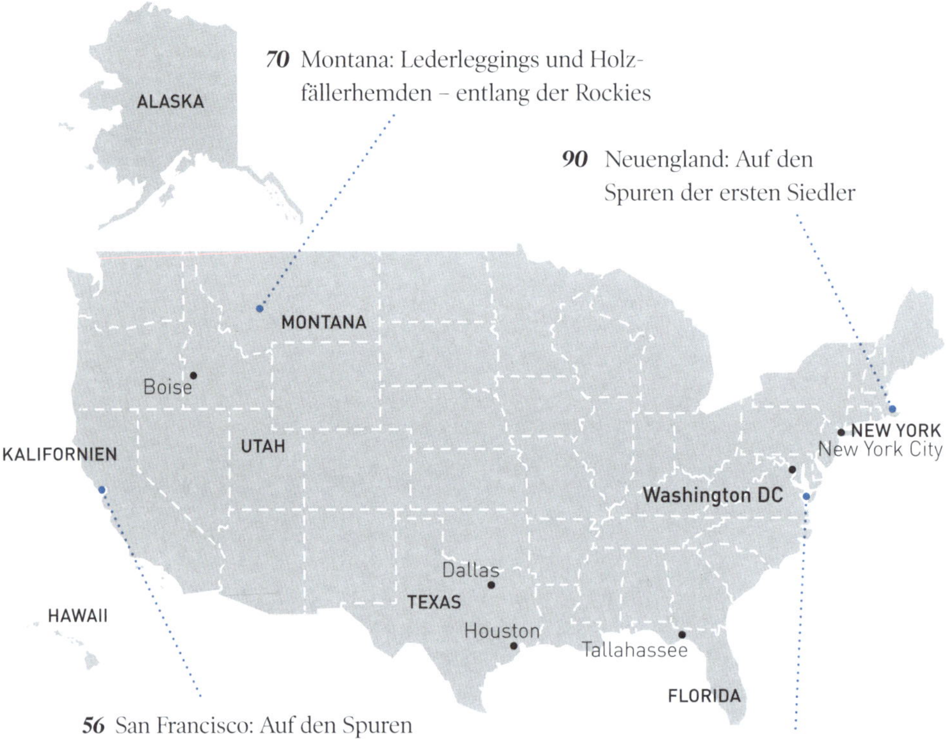

70 Montana: Lederleggings und Holzfällerhemden – entlang der Rockies

90 Neuengland: Auf den Spuren der ersten Siedler

56 San Francisco: Auf den Spuren der Flower-Power-Bewegung

80 The Bay: Größte Flussmündung der USA

3 Starten

Einsteigen

6 News
10 Scottsdale: Ab in die Wüste
12 Floridas Kulturerbe: Spurenlesen im Sunshine State

Eintauchen

14 Texas: Wilder Westen und spektakuläre Metropolen
20 Hill Country: Cowboys, Winzer und deutsche Tradition
26 Rund um Dallas: Abenteuer und Natur in Texas‘ State Parks
28 Unterwegs am Rio Grande
36 Austin: Hauptstadt der Live-Musik

AmerikaHaus NRW Journal

40 Grußworte
42 AmerikaHaus NRW e.V.
44 Der Freundeskreis des AmerikaHaus NRW e.V.
45 Wiederkehrende Highlight-Veranstaltungen
47 Weitere Programmhöhepunkte
49 Angebot für Schulen

50 EducationUSA
52 German-American relations after the U.S. presidential election

Aufnehmen

53 Bücher

Entdecken

56 San Francisco: Auf den Spuren der Flower-Power-Bewegung
62 Orange County: Kaliforniens goldene Strände
70 Montana: Lederleggings und Holzfällerhemden – entlang der Rockies
78 Chesapeake & Ohio Canal mit Doppel-Jubiläum
80 The Bay: Größte Flussmündung der USA
90 Neuengland: Auf den Spuren der ersten Siedler

Mitmachen

94 Leserfotos

98 Ausblicken

Einsteigen

Washington DC: Neues Memorial ehrt Präsident Eisenhower

Frank Gehry, der weltbekannte Gebäude wie das Guggenheim Museum in Bilbao entwarf, hat einem der einflussreichsten US-Präsidenten ein Denkmal gesetzt: Dwight D. Eisenhower. Die Gedenkstätte soll das Leben und Wirken des 34. Präsidenten würdigen, dessen Handeln Einfluss bis in die Gegenwart hat.

Das Memorial befindet sich in einem neu angelegten, vier Hektar großen Park neben der National Mall und gegenüber des Smithsonian National Air and Space Museums in Washington DC. Die Gedenkstätte versammelt drei bronzene Statuen des Künstlers Sergey Eylanbekov mit Stationen aus Eisenhowers Leben sowie ein Steinbas-Relief mit Zitaten Eisenhowers. An der Fassade des Gebäudes hinter dem Memorial vervollständigt eine abstrakte Darstellung der Pointe du Hoc in der Normandie (von Thomas Osinski) das Gesamtkunstwerk.

Als Oberbefehlshaber der Alliierten Expeditionsstreitkräfte führte Eisenhower die US-Soldaten in den D-Day, den Tag der Landung der Alliierten in der Normandie im Zweiten Weltkrieg. 1952 kandidierte er erfolgreich für die Präsidentschaft der USA, die er danach für zwei Amtszeiten innehatte. Eisenhower gilt als eines der einflussreichsten Staatsoberhäupter des 20. Jahrhunderts.

eisenhowermemorial.gov

Grafton: Mississippi von oben

Der „Ol' Man River" lässt sich besonders entspannt per Boot erleben? Für Besucher der Stadt Grafton im südlichen Illlinois gilt das nicht unbedingt. Die neu eröffnete Seilbahn bietet mit der Grafton SkyTour eine reizvolle Alternative, um die Schönheit der Flussregion mit allen Sinnen zu erleben.

Wahlweise in geschlossenen Gondeln oder offenen Sesselliften führt die Fahrt von der Grafton Main Street aus in luftige Höhen von 300 Metern bis zum Aerie's Resort, rund 100 Meter oberhalb der Stadt gelegen. Die Fahrt über die Flussklippen bietet einen atemberaubenden Blick auf den Zusammenfluss von Illinois River und Mississippi, der hier grüne Inseln und mächtigen Kalksteinformationen entstehen ließ. Wem das zu gemütlich ist, der tauscht die Gondel gegen den Hüftgurt. Mit bis zu 70 Stundenkilometern geht es beim Ziplining von Klippe zu Klippe und mitten durch die Baumwipfel. Beide Varianten führen zum Aerie's Resort.

Dort angekommen gewährt die Aerie's Winery mit ihrer auf den Klippen gelegenen Terrasse den Weitblick bis Missouri – und die dazu passende Weinauswahl. Wer seinen Aufenthalt an diesem Ort spontan verlängern will, kann in Cottages, Ferienvillen und der Lodge des Resorts übernachten. In der Hauptsaison ist eine Vorabbuchung allerdings sehr empfohlen.

aeriesview.com/skytour#grafton-skytour

Neue Attraktionen und Touren zur indigenen Kultur

Die indigenen Völker und Stämme teilen gern ihr Wissen und ihre Kultur: Und so locken 2021 neue Touren und Attraktionen. Im Norden Kaliforniens bietet beispielsweise der Yurok-Stamm Kanutouren. Zudem will der Stamm 2021 das erste Mal seit fast einem Jahrhundert einen Kondor auswildern. In South Dakota eröffnet die Pine Ridge Area Chamber of Commerce das Oglala Lakota Living History Village, ein Museumsdorf vor den Toren des Badlands National Park. Und inmitten der Pandemie errichtete die Cherokee Nation ihr neuestes Museum, das Saline Courthouse Museum.

Pow-Wows und Rodeos zählen zu den bekanntesten Veranstaltungen, wenn es um indigene Kultur und Bräuche geht. Jedes Wochenende finden normalerweise in den USA mindestens 30 Pow-Wows statt. Der weltweit größte seiner Art ist das „Gathering of the Nations" jedes Jahr Ende April in Albuquerque, New Mexico. Jeden August finden Interessierte beim Santa Fe Indian Market, dem führenden Markt seiner Art, authentische Kunst sowie Handwerk.

In den USA leben allein 574 staatlich anerkannte, souveräne indianische Stämme – alle mit einer ganz eigenen Geschichte, Kultur, Sprache und Bräuchen. Der Einfluss der amerikanischen Ureinwohner auf das heutige Leben wird oft unterschätzt. So wissen nur wenige, dass die Gründerväter das „Great Law of Peace" der Irokesen studierten und basierend darauf demokratische Prinzipien festhielt, die noch heute gelten: das Veto-Recht, Referendum, Trennung von Kirche, Staat und Leben, Freiheit und das Streben nach Glück. Zudem bildete die Besiedlungsstrategie der Indianer die Basis für die Infrastruktur der USA. Die Völker ließen sich an Land- und Wasserwegen nieder und erschufen Pfade, die die Vorläufer der heutigen Bahnstrecken und Highways waren. Entlang dieser Wege entstanden Siedlungen, aus denen Städte wie Chicago, Detroit, St. Louis und Kansas City hervorgingen. Einige Städte und Staaten tragen noch heute indigene Namen, beispielsweise North und South Dakota, Oklahoma, Seattle und Minneapolis.

aianta.org

Tennessee: Museum für afroamerikanische Musik in Nashville eröffnet

In der „Music City" Nashville hat das erste Museum für afroamerikanische Musik der USA eröffnet. Nach mehr als 20 Jahren Vorbereitung fiel das Band am 18. Januar 2021 – am Nationalfeiertag für den Bürgerrechtler und Friedensnobelpreisträger Dr. Martin Luther King.

Ob Blues, Jazz oder Gospel: Das National Museum of African American Music feiert auf gut 900 Quadratmetern Ausstellungsfläche mehr als 50 Musikstile, die aus der afroamerikanischen Kultur entstanden oder unter deren Einfluss inspiriert worden sind. Mit Nashvilles Musikszene verbunden und im Museum verewigt sind unter anderen Jimi Hendrix, Ray Charles

und Little Richard. Überdies werden beispielsweise Louis Armstrong und Whitney Houston gewürdigt. Sieben Galerien beherbergen mehr als 1500 Exponate, von Erinnerungsstücken vieler Künstler bis zu bunten Bühnenkostümen. Der Einführungsfilm des Museums führt das musikalische Erbe bis in die Zeit der Sklaverei und in afrikanische Kulturen zurück.

nmaam.org

Einsteigen

Pittsburgh: Neue Strecken für Radfahrer

Ein Reiseziel per Rad zu erkunden, liegt schon länger im Trend – auch bei US-Bürgern erfreut sich der Drahtesel im Zuge der Corona-Krise wachsender Beliebtheit. Das Radwegenetz in Pittsburgh wird daher erheblich erweitert. Binnen zehn Jahren sollen 200 Kilometer an Fahrradwegen sowie 43 Kilometer Fahrradspuren auf den Straßen geschaffen werden. Momentan kann die Metropole im US-Bundesstaat Pennsylvania schon mit 150 Kilometern Radwegen und Radspuren punkten. Dafür wählte der Interessensverband PeopleForBikes Pittsburgh 2020 unter die Top 20 der fahrrad-freundlichsten Städte der USA.

Kurzfristig wurde nun eine Lücke geschlossen, die Radler bislang zu einem kleinen Umweg bei der Fahrt auf der Great Allegheny Passage (GAP) zwang. Der bekannte Radwanderweg führt auf 540 Kilometern durch vier Staaten. Die GAP beginnt am Point State Park in Pittsburgh und erreicht nach 240 Kilometern Cumberland, Maryland. Dort schließt sich der Chesapeake & Ohio Kanal (C&O Canal Towpath) an, der dann auf 300 Kilometern über Harpers Ferry, Virginia in die US-Hauptstadt führt (siehe auch Seite 78).

visitpittsburgh.com/willkommen

New River Gorge in West Virginia: 63. Nationalpark der USA

Der US-Kongress hat den New River Gorge National River im Dezember 2020 als New River Gorge National Park and Preserve zum 63. Nationalpark des Landes erklärt. Dank Wildwasser-Rafting, Jagen, Angeln und zahlreichen Outdoor-Sportarten sowie der einzigartigen Geschichte und Kultur der Appalachen gilt die New River Gorge als eine der beliebtesten Touristenattraktionen in West Virginia. Der zerklüftete Strom, der durch tiefe Schluchten fließt, gehört zu den ältesten Flüssen des Kontinents.

nps.gov/neri

Colorado mit neuem State Park

Mit Fishers Peak wurde der mittlerweile 42. State Park in Colorado eröffnet. Das Schutzgebiet liegt im äußersten Süden des Bundesstaates. Fishers Peak ist mit 2.936 Metern der höchste Tafelberg der Region und höher als jeder andere Punkt in den USA östlich seines Längengrads. Wie eine steile Burg erhebt er sich weit über dem Tal empor. Wer den State Park besuchen möchte, kann in Trinidad übernachten, einer 1862 gegründeten kleinen Westernstadt.

nps.gov/neri

LOGAN: UTAHS IDYLLISCHER NORDEN MIT KUNST UND KULTUR

Noch nie von Logan und Cache Valley in Utah gehört? Es liegt eingebettet zwischen den Wellsville Mountains im Westen und der Bear River Mountain Range im Osten. Von der Hauptstadt des Beehive State sind es rund 130 Kilometer – auf der Fahrt bietet sich ein Abstecher zum Antelope Island State Park mit mehr als 700 Bisons am Great Salt Lake an. Roadtrip-Blickfang im Cache Valley ist der Logan Canyon National Scenic Byway. 50 Kilometer entfernt lädt der türkisfarbene Bear Lake, bekannt als „Karibik der Rockies", zum Wasserspaß ein. Diese geographischen Vorzüge machen die Region zum idealen Ausgangspunkt, um Utahs oftmals unterschätzten Norden zu entdecken.

Was Reisende erwartet: eine Mischung aus landschaftlicher Weite und beschaulichem Farmleben verbunden mit Kunst und unerwarteten Erlebnissen. Die Kleinstadtperle Logan beispielsweise, mit rund 51.000 Einwohnern, punktet mit dem „Utah Festival Opera & Musical Theatre", bei dem sich jedes Jahr mehr als 300 Künstler vom New Yorker Broadway und anderen Bühnen einfinden. Jung und frisch bleibt sie auch durch die 1888 gegründete Utah State University mit Fokus auf Landwirtschaft. Unbedingt hier im Campus-Shop ein legendäres „Aggie Blue Mint" Eis aus eigener Herstellung probieren!

Die Bluebird Candy Company (75 West Center), mit eigenem Café und Shop, ist für feinste Pâtisserie-Kunst bekannt – perfekt als Geschenk für Daheim. Dazu gehört auch das The Bluebird Restaurant auf Logans Main Street, welches als das älteste Restaurant in Utah gilt!

Tipp: Und wer sich die anderen vielen Highlights in Utahs Norden auf seinem Roadtrip nicht entgehen lassen möchte, dem ist der Yellowstone Loop zu empfehlen – eine Schleife von Salt Lake City durch das Cache Valley zum gleichnamigen Nationalpark in Wyoming.

explorelogan.com

- Bummeln auf Logans Main Street
- Für Familien: Freilichtmuseum American West Heritage Center mit eigenen Bisons und Erlebnissen über „America´s Old West"
- Bad in einer heißen Quelle: Crystal Hot Springs
- Logan Canyon: Wanderungen zu den Wind Caves oder dem Jardin Juniper
- Abschlag auf zwei nahen Golfplätzen
- Ski & Snowboard: Beaver Mountain Ski Resort und Cherry Peak Ski Resort
- Für Foodies: Cache Valley Foodie Trek & Signature Products Tour mit 20 Stopps

Scottsdale

Ab in die Wüste

Grüne Wüstenwälder, eindrucksvolle Felsformationen und ein vielfältiges Artenreich – all das vereint die Wüste rund um Scottsdale in Arizona. Die Wüstenregion hält zahlreiche Outdoor-Erlebnisse parat und begeistert mit ihrer unberührten Natur.

Perfekt für Touren mit dem Mountainbike

Seltenes Wetterphänomen

Die Sonoran Desert ist mit 320.000 Quadratkilometern eine der größten und artenreichsten Wüstenregionen der Welt. Letzteres ist vor allem der besonderen Klimaverhältnisse hier zu verdanken. Fast das gesamte Jahr über scheint in Arizona die Sonne – doch anders als in vielen anderen Wüsten ist hier ein interessantes Phänomen beobachten: Hier fällt mehr Regen als in jeder anderen Wüste. Im Sommer erleben Besucher eine trockene und feuchte Jahreszeit.

Diese besonderen Wetterverhältnisse sorgen dafür, dass zahlreiche Tier- und Pflanzenarten in der Region gedeihen und leben können. Nach einem Regenschauer speichert ein Saguaro eine große Menge Wasser und schlägt innerhalb weniger Stunden neue Wurzeln. So unterstützen die Wasserspeicher der Kakteen den Wüstenboden mit Wasser und wichtigen Nährstoffen. Über Jahrhunderte konnte eine einzigartige Kakteen-Landschaft entstehen.

Der majestätische Saguaro, auch bekannt als Staatsblume Arizonas, wächst hier an vielen Orten und kann bis zu 250 Jahre alt werden. Oftmals haben die Kakteen die Größe eines ausgewachsenen Baumes und sind aufgrund ihrer ausragenden Arme ein beliebtes Fotomotiv. Im Juni und Juli erhalten sie ihre weißen, wie Wachs wirkenden Blüten, die nicht nur in der Tierwelt als beliebter Leckerbissen gelten, sondern auch in der lokalen Küche ihre Verwendung finden.

Die Weiten der Wüstensteppe haben noch weitere faszinierende Wüstenpflanzen zu bieten. So wächst hier eine der ältesten Pflanzen der Welt: der Kreosotbusch, der mit seinen unzähligen Blüten und Blättern mehr als sechzig verschiedene Insektenarten versorgt. Nach einem Regenguss verströmen die Büsche einen frischen, unverwechselbaren Duft. Die Wüste beherbergt noch viele weitere Pflanzen wie den Mesquite Baum, aus dem köstlicher Wein hergestellt wird. Aber auch Kaktusfeigen und zahlreiche Agavenpflanzen, aus denen das Kultgetränk Tequila gewonnen wird, können hier gefunden werden.

Spektakuläre Tierwelt

Wie die Flora ist auch die Fauna der Sonoran Desert besonders: Sie gilt als artenreichste Wüste der Welt. Hier leben unter anderem mehrere Klapperschlangenarten, seltene Reptilienarten wie die Gila-Krustenechse sowie der Tigersalamander, einer der größten Landmolche. Auch ein Blick in den Himmel lohnt sich: Viele verschiedene Vogelarten wie zum Beispiel der Virginia Uhu mit seinen typisch langen Ohren oder der Wüstenbussard mit

seinem dunklen Gefieder streifen über die Wüste. Mit etwas Glück erhaschen Reisende auch einen Blick auf die flinken Jackrabbits oder andere Wildtiere wie Bobcats, Füchse, Wachteln oder Koyoten. Damit die außergewöhnliche Artenvielfalt nicht zerstört wird, wurden große Teile der Wüste zu Naturschutzgebieten erklärt.

Abenteuer für Reisende

Egal ob Familienurlaub oder eine Erlebnistour – rund um Scottsdale findet jeder sein individuelles Abenteuer: Das McDowell Sonoran Preserve ist bei Montainbi-

Wanderung zum Pinnacle Peak

kern und Wanderern äußerst beliebt und begeistert mit zahlreichen Wanderwegen und Bike-Trails. Ein unvergesslicher Moment bietet sich Besuchern während des Sonnenaufgangs: Die Wüste wird von einem rötlichen Schimmer erfasst und verwandelt sich in eine romantische Kulisse, die gemeinsam mit der Ruhe und ungezähmten Schönheit der Umgebung eine einzigartige Erinnerung kreiert. Wen es nach mehr Abenteuer dürstet, der sollte sich in einen Wüstenbuggy setzen und eine adrenalingeladene Fahrt durch die Region ausprobieren.

Wandern inmitten der bergigen Landschaft

Durch die Kombination aus Feuchtwüste und Berge mit einer großen Vielfalt an Pflanzen und Tieren ist Scottsdale mit seinen über 600 Kilometern an Wanderwegen bei Aktivurlaubern äußerst beliebt. Ein Weg, der nicht zu fordernd, jedoch definitiv nicht langweilig ist, ist der Pinnacle Peak Summit Trail. Dieser Trail startet am Fuße des Pinnacle Peaks in der Nähe des Four Seasons Resort. Durch die facettenreiche Natur führt der Weg auf knapp sechs Kilometern bis auf den Gipfel des Pinnacle Peaks. Von dort aus genießen die Wanderer einen malerischen Ausblick. Während es Aufstiegs entdecken Wanderer zuweilen nicht nur sehr schöne Pflanzen, sondern mit etwas Glück auch Hasen, Vögel wie Helmwachteln und Kaktuszaunkönige sowie den berühmten Wegekuckuck, besser bekannt als „Road Runner".

Staatsblume von Arizona: Saguaro

Floridas Kulturerbe

Spurenlesen im Sunshine State

Floridas kulturelles Erbe geht zu einem Großteil auf die erste Besiedlung durch den Spanier Ponce de Leon in St. Augustine, der ältesten Stadt der USA, im Jahr 1513 zurück. Doch überrascht es Urlauber im Sunshine State noch heute, wenn sie überall im Staat verteilt auf indianische und französische sowie vor allem kubanische Bräuche und Traditionen stoßen.

Kubanisches Erbe in Ybor City

Nur unweit der Innenstadt der Westküstenmetropole Tampa liegt das historische Latino-Viertel Ybor City. Die Stadt ist eng mit Kuba verbunden. So sehr, dass Urlauber hier Kuba tatsächlich besuchen können – ohne Tampa Bay respektive Florida verlassen zu müssen. Denn der Grund im Jose Marti Park Ybor City gehört in der Tat zu Kuba. Den deutlichsten kulturellen Stempel drücken kubanische Einwanderer jedoch in Zusammenhang mit Zigarren der Stadt Tampa und dem Staat Florida auf: Anfang des 20. Jahrhunderts avancierte Tampa zur Zigarrenhauptstadt der Welt und produzierte jedes Jahr über 500 Millionen handgerollte Zigarren. Die Kubaner haben zusammen mit Italienern, Deutschen und anderen ihre Spuren in Ybor City und der Tampa Bay hinterlassen, denen heute Urlauber auf den von Ziegeln gesäumten Straßen, in den Bäckereien und Bars folgen können. Auch kulinarisch sind diese Spuren erkennbar: Mit dem Columbia Restaurant eröffnete hier 1905 Floridas ältestes Restaurant.

Immer der Nase nach auf Key West

Auch ganz im Süden Floridas schmecken Reisende bis heute den kubanischen Einfluss: Key West ist bekanntlich nur rund 140 Kilometer von Kuba entfernt. Und der kubanischen Gemeinschaft verdankt Key West einige interessante Lebensmittel und Gerichte. Die Küche des karibischen Staates wurde schnell Teil des kulinarischen Erbes der Insel, als sich kubanische Familien in den 1860er-Jahren niederließen und Key West noch unter seinem spanischen Namen Cayo Hueso bekannt war. Heute ziehen die herzhaften Gerüche von Ropa

Vieja, Picadillo und anderen Spezialitäten wie Schweinekoteletts mit einem Hauch Limette und gebratenen Kochbananen aus den vielen kubanischen Restaurants durch die Straßen. Café con leche und das traditionelle kubanische Sandwich (eine Mischung aus Fleisch und Käse auf warmem und gepresstem kubanischem Brot) sind besonders beliebt.

Kulturelle Vielfalt im Nordwesten

Im Nordwesten Floridas ist es mit dem kulturellen Erbe nicht so ganz einfach. Schließlich stand Pensacola bereits unter spanischer, französischer, englischer, der konföderierten und schließlich unter amerikanischer Flagge, was bis zum heutigen Tage alljährlich im Frühjahr mit der „Fiesta of Five Flags" gefeiert wird. Das Viertel um den Seville Square wird Historic Pensacola Village genannt. Hier werden Besucher von den authentisch restaurierten Häusern aus dem 18. und 19. Jahrhundert in den Bann gezogen.

Amerikanische Ureinwohner

Geht man noch weiter in die Historie zurück, so landet man in der Eiszeit vor mehr als 12.000 Jahren – als zum ersten Mal Menschen in das Gebiet kamen, das heute als Florida bekannt ist. Noch heute gibt es eine beträchtliche Anzahl an Indianerstämmen, die sich daraus entwickelten. Rund 3000 Menschen nennen die Reservate der Seminolen sowie Miccosukee ihr Zuhause. Und laut letzter Volkszählung gaben über 53.000 Floridianer an, eine indigene Abstammung zu haben. Die Florida State University in Tallahassee benennt mit Stolz ihre Sportmannschaften „Florida State Seminoles" – die Verwendung des Namens wurde offiziell genehmigt. Und der Florida Native American Heritage Trail informiert Interessierte über Geschichten sowie über Traditionen und Bräuche, die noch heute gelebt werden.

TEXAS

Wilder Western und spektakuläre Metropolen

Texas ist weit mehr als Cowboy-Romantik, Ranches und Erdöl. Der zweitgrößte Staat der USA begeistert auch mit der wilden Natur im Big Bend National Park, dem Palo Duro Canyon als Konkurrenz zum Grand Canyon, dem legendären Rio Grande und scheinbar unendlichen Stränden am Golf von Mexiko. Und im Kontrast zu den rustikalen Ranches stehen pulsierende und einladende Städte wie Austin, Houston oder Dallas. Der Lone Star State ist ein Ziel für Entdecker abseits der klassischen Roadtriptrouten!

traveltexas.com

Dallas ist die drittgrößte Stadt in Texas und einst durch die Ölindustrie reich geworden.

*Beliebtes Fotomotiv:
Traveling Man Sculpture in Dallas*

Giant Eyeball: Blickfang in Dallas' Innenstadt

Port Aransas ist einer der beliebesten Ferienorte am Golf von Mexiko.

Galveston ist für seine historische Altstadt berühmt.

Vergügungspark Pleasure Pier in Galveston

Wild-West-Atmosphäre im Fort Worth Stockyards National Historic District

Blick auf das Örtchen Alpine am Big Bend National Park

Cowboys sind gerade im Hill Country noch allgegenwärtig.

Legendärer Saloon: Starlight Theatre in Terlingua

Hermann Park: nur einer von vielen Parks in Houston

Steaks – typisch für Texas

Houstons moderne Innenstadt

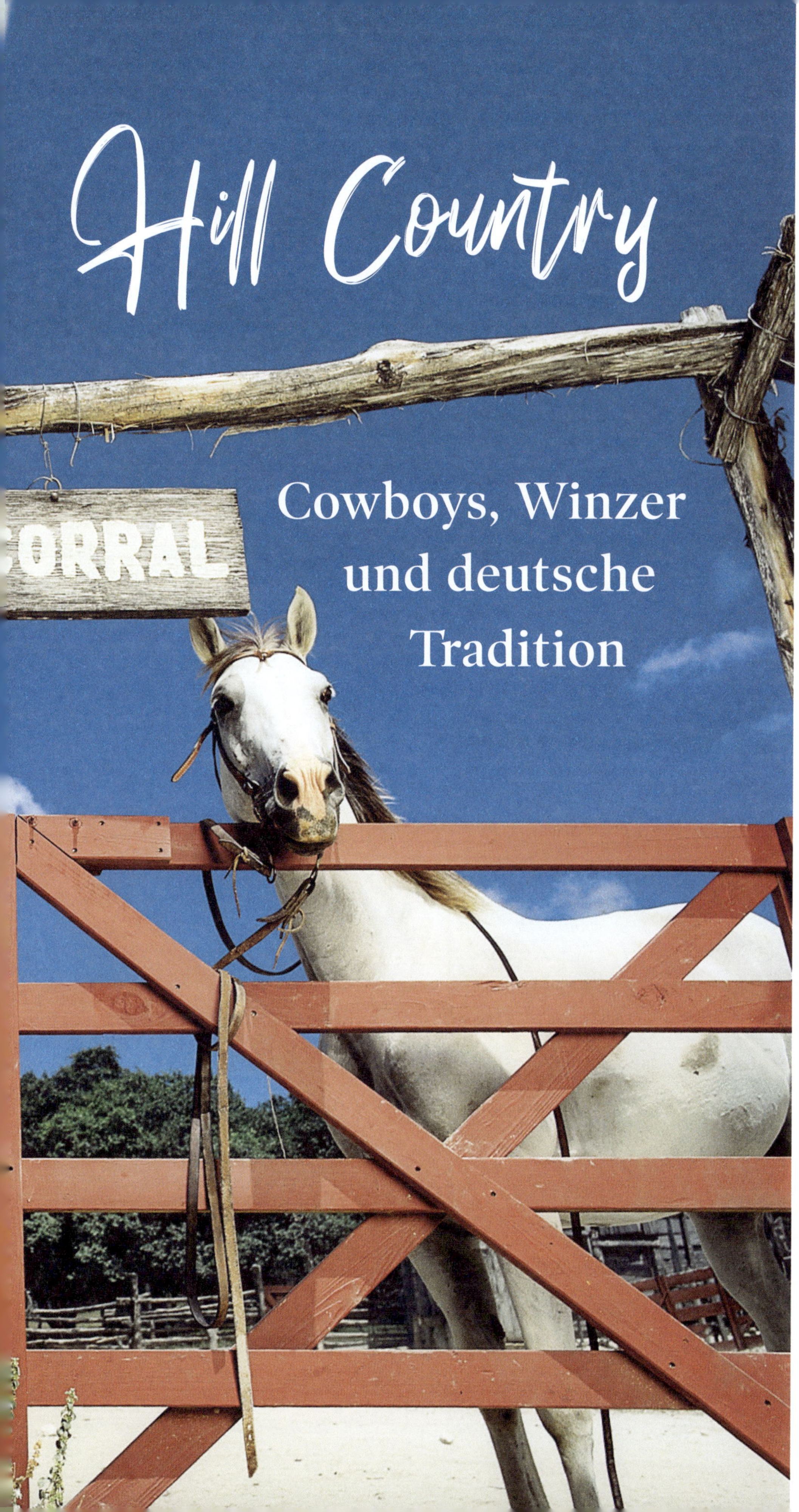

Hill Country

Cowboys, Winzer und deutsche Tradition

Die hüglige Landschaft mit ihrem vielen Grün wirkt so gar nicht texanisch. Im ersten Augenblick fühlen sich Reisende zuweilen an so manche deutsche Regionen erinnert. Die Assoziation ist zwar nicht völlig falsch, schließlich haben gerade deutsche Siedler das Hill Country geprägt. Doch mit Bandera liegt hier auch die selbst ernannte Hauptstadt der Cowboys. Ein Roadtrip durch das zentrale Texas führte Christian Dose von einer Guest Ranch zu den Weinbergen bei Fredericksburg und schließlich zu River Walk und Alamo in San Antonio.

Gemächlich trottet „Jet“ hinter den anderen her, sicher finden die Hufe „meines“ Maultiers den richtigen Weg und Halt. Was für erfahrene Reiter nach einer langweiligen Reitstunde aussieht, ist für mich als Neuling ein großes Erlebnis. Glückshormone im Überfluss bei unserem ersten Ausritt auf der Dixie Dude Ranch, der vielleicht schönsten Guest Ranch im Hill Country. Gut eine Stunde ist unser kleiner Tross mit drei Cowbows und rund 15 Gästen – auf Pferden oder Maultieren – auf der weitläufigen Ranch unterwegs.

Blick auf die Dixie Dude Ranch und das Hill Country

Mit einer Pferdestärke durchs zentrale Texas

Im Anschluss bleibt ausreichend Zeit für den großen Pool und das Ranchleben mit leckeren Hotdogs als Mittagessen oder Hufeisenwerfen. Nachmittags schließlich steht der zweite Ausritt des Tages an. Nach einem gemeinsamen Abendessen an großen Tischen mit den Mitreisenden genießen wir als Ausklang noch die Musik eines ortsansässigen Singer-Song-Writers. Solch ein Ranch-Aufenthalt ist wohl der Höhepunkt schlechthin eines Roadtrips.

Western-Feeling in Bandera

Im nahen Bandera würde es wohl keinen Reisenden überraschen, wenn ein Einheimischer plötzlich hoch zu Ross die Hauptstraße entlang reitet. Gleichwohl

behauptet so mancher, der Titel „Welt-Hauptstadt der Cowboys“ sei vor allem den vielen Touristen der umliegenden Guest Ranches zu verdanken. Sei's drum. Für ein bisschen Wild-West-Stimmung lohnt ein Stadtbummel. Gerade im Cowboy Store findet sich so manch passendes Kleidungsstück oder Andenken. Und für einen kühlen Drink bietet sich die kleine, etwas in die Jahre gekommene 11 Street Cowboy Bar an.

Das Weingut Becker Vineyards ist für seine edlen Tropfen bekannt.

Deutsche Tradition zwischen Weinbergen

Der Kontrast könnte kaum größer sein: Von der Ranch bei Bandera zu den Reben rund um Fredericksburg sind es keine hundert Kilometer. Hier Cowboys und Hufeisen-werfende Touristen, dort Winzer und Pärchen auf Wellness-Trip in einer Stadt, wo bis heute die „Vereinskirche" auf die deutschen Siedler aus dem 19. Jahrhundert hinweist. Denn um 1850 zog es zahlreiche Deutsche ins zentrale Texas. Das historische Fredricksburg ist als Zentrum guter Reben bekannt und das fünftgrößte Anbaugebiet der USA. Im Ort selbst lohnen die breite Hauptstraße mit Restaurants und Galerien einen Stopp ebenso wie das Pioneer Museum, wenn eine Pause vom Entspannen in den zahlreichen charmanten Unterkünften nötig ist.

Wen es nach Weinprobe und Wellness wieder in die Natur zieht, wandert um den Enchanted Rock. Der rund 200 Meter hohe Granitfelsen – kahl und rötlich schimmernd – ist ein perfektes Wanderziel. Ein Spaziergang fasziniert angesichts des mächtigen, viele hundert Millionen Jahre alten Enchanted Rock.

Live-Musik in der Geisterstadt

Ein weiteres Relikt aus der Zeit der deutschen Einwanderer ist das kleine Luckenbach. Der Ort mit angeblich noch drei Einwohnern – und einem Postamt – ist mit Dance Hall und Open-Air-Bühne eine der beliebtesten Bühnen in der Region. Ergänzend zu den großen kostenpflichtigen Konzerten stehen allabendlich auch bislang eher unbekannte Bands und Sän-

Luckenbach: Beliebte Bühne

Christian Dose

Christian Dose hat die USA seit seiner ersten Reise 1996 auf vielen Reisen erkundet. Er ist Chefredakteur und Mitgründer des Reisemagazins 360° USA. Der gelernte Journalist (u. a. WELT am SONNTAG) ist im Hauptberuf festangestellter Berater für Investor und Public Relations. In Büchern, Magazinen und Multimedia-Vorträgen berichtet er regelmäßig von seinen Reisen in alle Welt. Überdies schreibt er für die Magazine 360° Australien, 360° Neuseeland und 360° Kanada. *www.cd-reisen.de*

ger auf der Bühne. Ganz unspektakulär, aber absolut hörenswert. Der Spirit des Ortes animierte 1977 die Sänger Waylon Jennings und Willie Nelson Luckenbach zu ihrem Song „Luckenbach, Texas" – eine Hymne auf die heile Musikwelt in einem kleinen Örtchen.

Flanieren zwischen River Walk und Alamo

Nach viel Natur und Ruhe endet unsere Tour durchs zentrale Texas in der pulsierenden Metropole San Antonio. Rund um den gemütlichen River Walk sowie den umliegenden Straßen geht es trotz Innenstadtlage und 1,4 Millionen Einwohnern vergleichsweise beschaulich zu. Die Promenade rund um einen Seitenarm des San Antonio River ist gesäumt von Restaurants und Cafés. Als Hingucker unbedingt einen Fotostopp wert ist das sogenannte La Villita, eine Ansammlung historischer Lehmhäuschen im typischen Adobe-Stil und Heimstatt einheimischer Künstler.

The Alamo: Eine Besichtigung ist für viele Amerikaner ein Muss, wenn sie San Antonio besuchen.

Die Attraktion schlechthin ist aber die Mitte des 18. Jahrhunderts errichtete Missionskirche The Alamo. Ihre überragende Bedeutung für den Stolz der Texaner resultiert aus einer Schlacht im März 1836: Im Texanischen Unabhängigkeitskrieg verteidigten rund 200 Amerikaner die mittlerweile zum Fort umgerüstete frühere Mission gegen etwa 1800 Mexikaner – und hielten den Angriffen stolze 13 Tage stand. Trotz der Niederlage trug die Schlacht maßgeblich zum Sieg Texas' im Unabhängigkeitskrieg bei. Die UNESCO-Welterbestätte – mit jährlich mehr als 2,5 Millionen Besuchern – umfasst neben der einstigen, vergleichsweise recht schlichten Kirche auch Denkmal und Museum zur Geschichte sowie einen schönen Garten.

Und wer von Kirche und Geschichte nicht genug hat, besucht im Stadtzentrum noch die San Fernando Cathedral, errichtet 1731 und eine der ältesten Kirchen des Landes, sowie den denkmalgeschützten Spanish Governor's Palace. Wenige Minuten entfernt ist der Market Square mit seinen Ständen der ideale Platz für eine Pause vom Sightseeing. Alternativ bietet sich der rustikale Buckhorn Saloon and Museum an. Wer sich für texanischen Lifestyle interessiert, wird hier fündig: mit einer kleinen Ausstellung zur Geschichte des Lone Star State und landestypischen Gerichten.

Zum Ausklang des Tages lohnt ein Besuch des etwa 230 Meter hohen Aussichtsturms Tower of the Americas an: Gerade zum Sonnenuntergang winkt ein hervorragender Blick. Und wer tagsüber keine Lust auf eine Bootsfahrt entlang des River Walk hatte – romantischer als abends wird es nicht mehr.

traveltexas.com/places-to-visit/hill-country

ANREISE
Mit Umsteigen fliegen alle großen Gesellschaften wie Delta San Antonio, die siebtgrößte Stadt der USA an. Vor Ort dann am besten per Mietwagen weiter.

BANDERA
banderacowboycapital.com

Dixie Dude Ranch: Rustikale Guest Ranch mit täglich zwei geführten Reitausflügen, Cabins ab 160 USD pro Person und Nacht inklusive Vollpension (Mindestaufenthalt: zwei Nächte); 833 Dixie Dude Ranch Rd, Bandera, TX 78003, *dixieduderanch.com*

11th Street Cowboy Bar: Bar mit Live-Musik; 307 11th St, Bandera, TX 78003, *11thstreetcowboybar.com*

Cowboy Store: Große Auswahl an hochwertiger Mode im Wild-West-Stil, sonntags geschlossen; 302 Main St, Bandera, TX 78003

FREDERICKSBURG
visitfredericksburgtx.com

Fredericksburg Inn & Suites: Zentral gelegen und mit zwei Pools, DZ ab 125 USD; 201 S Washington St, Fredericksburg, TX 78624, *fredericksburg-inn.com*

Crossroads Saloon & Steakhose: Gute Steaks und Burger sowie Live-Musik; 305 W Main St, Fredericksburg, TX 78624, *crossroads-texas.com*

Vereinskirche: Nachbau der ikonischen Kirche deutscher Siedler; 100 W Main St, Fredericksburg, TX 78624, *pioneermuseum.net/vereins-kirche.html*

Pioneer Museum: Veranschaulicht die Besiedlung der Region; 325 W Main St, Fredericksburg, TX 78624, pioneermuseum.net

Enchanted Rock State Natural Area: Granitfelsen mit vielen Wanderwegen, im Sommer sehr heiß, erinnert zuweilen an den Uluru in Australien; 16710 Ranch Rd. 965, Fredericksburg, TX 78624, *tpwd.texas.gov/state-parks/enchanted-rock*

Luckenbach: Kleines historisches Örtchen mit weithin bekannter Bühne; 412 Luckenbach Town Loop, Fredericksburg, TX 78624, *luckenbachtexas.com*

SAN ANTONIO
www.visitsanantonio.com

La Quinta Inn & Suites San Antonio Riverwalk: Fußläufig zu allen Attraktionen, mit Pool, DZ ab 99 USD inklusive Frühstück; 303 Blum St, San Antonio, TX 78233, *laquintasanantonioriverwalk.com*

Maria Mia Mexican Bistro: Mix aus Südstaaten- und mexikanische Küche am River Walk; 849 E Commerce St, San Antonio, TX 78205, *mariamiamexicanbistro.com*

Chart House: Filiale der beliebten Kette, hervorragende Fischgerichte, im Tower of the Americas, kostenloser Zugang zur Aussichtsplattform; 739 E César E. Chávez Blvd, San Antonio, TX 78205, *chart-house.com*

The Alamo: Historisches Fort und ehemalige Mission, sehr beliebt, kein Eintritt; 300 Alamo Plaza, San Antonio, TX 78205, *thealamo.org*

River Walk: Zweieinhalb Kilometer lange Promenade, 35-minütige Bootsfahrten ab verschiedenen Piers, für 13,50 USD; *goriocruises.com*

Tower of the Americas: Aussichtsplattform in etwa 230 Meter Höhe, Eintritt 14,50 USD; 739 E César E. Chávez Blvd, San Antonio, TX 78205, *toweroftheamericas.com*

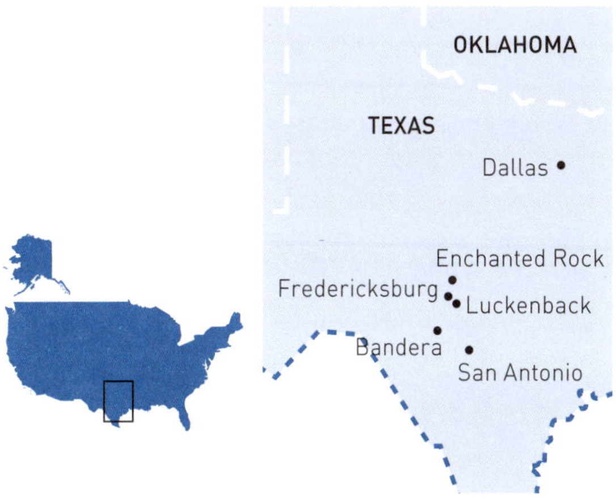

Rund um Dallas: Abenteuer und Natur in Texas' State Parks

Unberührte Natur, eine raue Wildnis und zahlreiche Outdooraktivitäten warten in den 90 State Parks sowie fünf Nationalparks des Lone Star State auf Abenteurer und solche, die es noch werden wollen. Ob Wandern entlang beeindruckender Schluchten, Angeln an einem der vielen Seen oder Surfen auf Sandhügeln – jeder Park hat seinen ganz eigenen Reiz und wartet nur darauf, erkundet zu werden. 360° USA stellt vier State Parks vor, die sich am besten von Dallas – oder Fort Worth – aus erkunden lassen.

„Grand Canyon von Texas"

Der Palo Duro Canyon ist der zweitgrößte Canyon der Vereinigten Staaten und bietet eine 193 Kilometer lange Landschaft aus roten Sandsteinfelsen. Besonders beeindruckend: der Lighthouse Rock. Der etwa 40 Kilometer von Amarillo entfernte Canyon lässt sich bequem zu Fuß, per Mountainbike, mit dem Auto oder sogar auf dem Pferd erkunden. Vom Besucherzentrum aus haben die Gäste einen spektakulären Blick über den Canyon und können sich gleichzeitig über dessen Geschichte informieren: Archäologische Exponate, indianische Keramik und Schmuck sowie historische Filmaufnahmen entführen in vergangene Zeiten. Und am besten klingt ein Tag nach einem typischen Barbecue gemütlich beim Texas Outdoor Musical im Pioneer Amphitheater aus, während die Geschichte der Texas Panhandle Plains mit Gesang, Tanz und viel texanischem Humor nachempfunden wird. Unter dem klaren Sternenhimmel entschwinden die Gäste anschließend in ihren wohlverdienten Schlaf.

Wildlife im Palo Duro State Park

Auf du und du mit Bisons

Nicht ganz so groß wie die benachbarten Parks, jedoch nicht weniger beeindruckend ist der Caprock Canyons State Park im Nordosten des Bundesstaates. Er beherbergt auf der 700 Hektar großen Graslandschaft die offizielle Bisonherde des Staates Texas, die keine Rinder-DNA enthält – und somit eine hervorragende genetische Quelle für viele andere Bisonherden darstellt. Jedes Jahr im September veranstaltet die Stadt Quitaque das Texas State Bison Herd Music Festival mit Auftritten lokaler Countrysänger, wobei der Erlös dem Erhalt der Herde zugutekommt. Überdies können Besucher neben Opossums, Waschbären, Kojoten sowie zahlreichen Schlangen- und Eidechsenarten auch Steinadler beobachten. Am Ufer des großen Lake Theo wiederum lässt es sich wunderbar picknicken – und sich ein Abendessen direkt selbst angeln.

Sandkasten für Erwachsene

Wer schon immer einmal den Sonnenaufgang in der Wüste miterleben wollte, ist in Texas genau richtig: Inmitten von 20 Meter hohen Sanddünen wähnen sich Besucher hier wohl eher in der Sahara als in Texas: Der Monahans Sandhills Park ist Teil einer Dünenlandschaft, die sich auf 320 Kilometer im Westen des Staates ausbreitet. Wo sich einst Indianerstämme ansiedelten, gleiten heutzutage passionierte Sandboarder, -surfer und -rodler gekonnt die Hügel hinab. Doch die Wüste ist belebter als sie scheint: Schließlich wächst hier eine große Vielfalt an Bäumen und Wildblumen inmitten der unwirklichen Umgebung, die sich am besten vom Rücken eines Pferdes aus bewundern lässt.

Romantik auf dem Wasser und an Land

Gigantische Bäume, hüfthohes Gras und ein 3642 Hektar großer See: Im Lake Bob Sandlin State Park im Nordosten von Texas treffen zwei Ökosysteme aufeinander, die ideale Bedingungen für zahlreiche Aktivitäten entlang des Sees bieten. Der Park ist prädestiniert zum Angeln, Kajak- oder Boottouren, Wasserskifahren sowie Wanderungen. Während der Herbstmonate erstrahlt der Wald um den See mit seinen Ahornbäumen in warmen Rot- und Gelbtönen und verleiht dem Park seinen romantischen Charakter. Auch der Sonnenuntergang ist spektakulär: Bevor sich der Tag dem Ende neigt, versinkt die Sonne langsam am Horizont und lässt den See optisch erglühen.

Als zweitgrößter Canyon der USA gilt der Palo Duro Canyon auch als „Grand Canyon von Texas".

Palo Duro Canyon State Park: Sechs Fahrstunden nordwestlich von Dallas; *tpwd.texas.gov/state-parks/palo-duro-canyon*

Caprock Canyons State Park: Mit dem Auto rund fünf Stunden nordwestlich von Dallas respektive 90 Minuten vom Palo Duro Canyon entfernt; *tpwd.texas.gov/state-parks/caprock-canyons*

Monahans Sandhills State Park: Ab Dallas knapp sechs Stunden gen Südwesten; *tpwd.texas.gov/state-parks/monahans-sandhills*

Lake Bob Sandlin State Park: Zwei Autostunden östlich von Dallas; *tpwd.texas.gov/state-parks/lake-bob-sandlin*

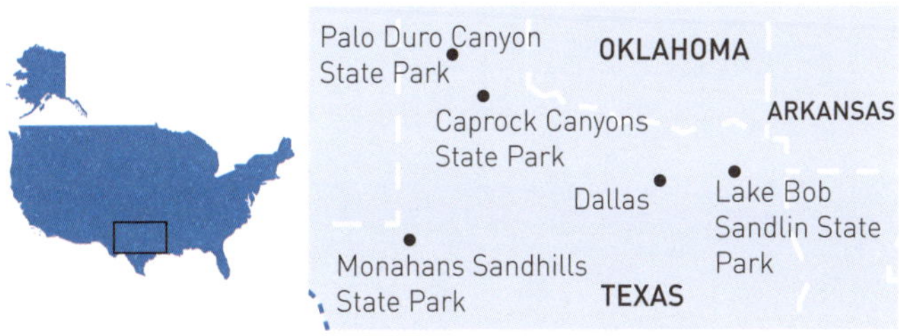

Unterwegs
am
Rio Grande

Zwischen Mexiko und Texas bildet der Rio Grande eine natürliche Grenze. Christian Heeb erinnert sich an seine ersten Besuche in dieser Region – für ihn hat sich bis heute der Charme von damals in der großartigen Landschaft gehalten.

West Texas ist Cowboyland – und es gibt sie noch: die großen Ranches und ihre Kuhhirten.

Es war Anfang der neunziger Jahre, irgendwo in der staubigen Wüstenlandschaft von Texas, als Stefan zu mir sagte. „Hörst Du, wie der Fluss rauscht?" Ich wusste, der Rio Grande ist gerade hinter dem nächsten Salbeibusch zu finden. Aber ich fand es etwas seltsam, dass wir ihn rauschen hören. Ein Blick auf den Autoreifen unseres Ford Thunderbirds und die entweichende Luft dort erklärte mir, woher das Rauschen kam: Wir hatten einen platten Reifen.

Stefan Nink und Christian Heeb im Jahr 1994

Abenteuer an der Grenze

Stefan, das ist der deutsche Schriftsteller Stefan Nink, und ich waren damals im Auftrag eines deutschen Reisemagazins in West Texas unterwegs. Wir waren jung und abenteuerlustig. Die Welt wartete darauf, von uns fotografiert und beschrieben zu werden. Und West Texas war ein Abenteuer wie geschaffen für uns. Wir fühlten uns wie zwei raue Desperados, als wir mit Kugelschreiber und baumelnder Nikon-Kamera über die Grenze nach Mexiko stolzierten und dort in rauen Tavernen das heimische Bier Dos Equis tranken.

Der Rio Grande, welchen man in Mexiko Rio Bravo del Norte nennt, trennt Texas von Mexiko – oder wie Stefan sagte: Mexas von Texico. Texas und weite Teile des amerikanischen Südwestens waren einmal Mexiko. Die europäische Besiedlung von Amerika startete mit den Spaniern, lange bevor die ersten britischen Kolonien an der Ostküste entstanden. Der Mexikanisch-Amerikanische-Krieg von 1846 bis 1848 führte zur Annektierung von Texas und der Grenzziehung am Rio Grande. Diese Grenze nahm niemand so richtig ernst.

Rückblick

Südlich vom Grenzort Presidio, als wir mit unserem Ford Thunderbird dem Highway nach Süden folgten, reitete ein mexikanischer Vaquero vor unserer Nase über den seichten Fluss ins sogenannte „Promised Land". Ich musste unweigerlich an den grandiosen Song „Across the Borderline" von John Hiatt denken, während Nink mit dem portablen CD-Player kämpfte.

In dem Western-Kaff Lajitas saßen Mexikaner vor der alten Trading Post, und oben in Candelaria kamen jeden Tag die Kinder von der mexikanischen Seite her über den Fluss in die amerikanische Schule, die damals ein Sinnbild für die friedliche Koexistenz von Latinos und Anglos war. Texas ist stark verwurzelt mit der Kultur von Mexiko. Besonders entlang der Grenze haben fast alle Bewohner mexikanische Wurzeln und Verwandte auf beiden Seiten der Grenze.

Durch Wüsten und über Berge

Wir folgten dem Rio Grande durch bizarre Wüstenlandschaften und zerklüftete Berge mit bizarren, von der Erosion zernagten Felsklippen bis nach Terlingua, dem Aussteigernest am Rande des grandiosen Big Bend National Park. Es ist „Lonesome Dove Country". Man fühlt sich dort, wie wenn man sich in dem legendären Buch des Schriftstellers Larry McMurtry bewegen würde.

Das Starlight Theatre, eine Art Wildwest Saloon, Restaurant und Musik Kneipe, war gerade erst geschaffen worden – und wie für uns gemacht. Texas ist nicht nur Rinder, Ölmillionäre und Chuck Norris mit Stetson. Der Staat ist auch ein Mekka der alternativen, sogenannten „Outlaw" Country-Musik. Musik Legenden wie Willie Nelson, Waylon Jennings, das Sir Douglas Quintet, Bob Wills and the Texas Playboys und nicht zuletzt der Blues Gitarrist Stevie Ray Vaughan sind alles texanische Musiker. Das Starlight Theatre ist bis heute eine Art alternativ Szene-Bar im texanischen Outback. Wer also über die leeren Highways von West Texas donnert, sollte sich unbedingt texanische Musik reinziehen.

Closed Canyon im Big Bend Ranch State Park: Auch in Texas faszinieren Slot Canyons.

Der Rio Grande schlängelt sich durch die Chihuahuan Desert.

Beavertail Caktus auf einer Klippe über dem Rio Grande River

Schlauchboot im Santa Elena Canyon im Big Bend National Park

So fuhren wir gen Big Bend National Park. „Luckenbach Texas", der Mega-Hit von Waylon Jennings, donnerte aus den Lautsprechern unseres Mietwagens. Wir fuhren zuerst zum Santa Elena Canyon. Der Rio Grande wuchtete sich Jahrtausende lang durch die letzten Ausläufer der Rocky Mountains und schuf hier drei große Canyons mit den Namen Santa Elena, Boquillas und Mariscal. Wir hatten bereits eine Flussfahrt per Schlauchboot durch den Santa Elena Canyon gemacht und wollten nur kurz den Eingang des Canyons sehen, bevor wir hoch in die Berge fuhren. Entlang des Flusses wachsen wilde Pappeln. Obendrein sehen Besucher hier oft Javelinas (eine Art wilder Nabelschweine).

Auf dem gegenüber liegenden Ufer liegt Old Mexiko. In den alten Wildwest-Filmen reiten die Desperados immer nach Mexiko, um dem Gesetz zu entfliehen. Viele Amerikaner glauben noch immer daran, dass es dort keines gibt – was jedoch ein Trugschluss ist. Mexiko ist kein gutes Versteck für Banditen, und schon mancher amerikanischer Bankräuber wurde in Handschellen zurück in die USA abgeschoben.

Steinbogen in den Grapevine Hills im Big Bend National Park

Die Parkverwaltung will die Besuchszahlen in Grenzen halten, was sicher sinnvoll ist. Oben in den Bergen verbirgt sich ein Hochtal. Dort versteckten sich im 18. und 19. Jahrhundert die Apachen und führten von dort aus Kriegszüge nach Mexiko. Die Apachen wurden dann von den eindringenden Comanchen in Richtung New Mexiko und Arizona abgedrängt – und so wurde ganz Texas zur Comancheria.

Noch vor der Reise mit Nink hatte ich 1986 mit meiner Freundin im Big Bend National Park wochenlang kampiert und gewandert. Der Park war mir wohl vertraut. Am Rande der Chisos Mountains gibt es einen versteckten Wasserfall namens Cattail Falls. Rund um die kleinen Fälle liegt eine grüne Oase, welche von vielen Tieren und Vögeln frequentiert wird. Damals konnten wir auf der Piste mit dem Auto nahe heranfahren, heute aber muss man zu den Wasserfällen wandern.

Perfekter Moment für Fotografen

Für uns waren die Comanchen kein Problem mehr: Sie waren längst ins Reservat nach Oklahoma verfrachtet worden. Als wir an einem schönen Morgen mitsamt unserer Campingausrüstung in die Berge aufbrachen, herrschte Frieden im Land. Es gibt herrliche Pfade durch die Chisos Mountains, aber es gibt kein Wasser. So schleppten wir gleich noch ein paar Wasserflaschen mit. Oben vom großen Felsabbruch sieht man weit über das Land und bis zum Rio Grande und nach Mexiko. Ich wollte eine Nacht kampieren, um dann im ersten Licht des Sonnenaufgangs ein Bild zu machen. „Ach diese Fotografen“, stöhnte Stefan, war aber

Christian Heeb

Der Schweizer Fotograf Christian Heeb, Jahrgang 1962, lebt seit Jahren in Bend, Oregon und in El Sargento, Mexiko. Er ist Bildautor von mehr als 200 Bildbänden und arbeitet für Magazine und Verlage weltweit. Mit seiner Frau Regula Heeb veranstaltet er Fotoreisen auf der ganzen Welt.
heebphoto.com

dabei bei diesem Abenteuer. Wir beide fühlten uns nun weniger als Desperados denn als Lasttiere, während wir uns über die staubigen und steilen Wege quälten.

Oben am East Rim war der Blick ins Weite schon atemberaubend – aber am kommenden Morgen kam es noch besser. Ich schleppte mich vor Sonnenaufgang mit Stativ und Kamera an die geologische Abbruchkante. Am Himmel lagen zarte Wolken. Doch im Osten, da wo die Sonne aufgeht, war der Himmel klar. Kurz bevor die Sonne am Horizont hervortrat, leuchteten die Wolken rot auf und wurden von hinten beleuchtet. Es war ein grandioser Anblick und ein Moment, welchen wir Fotografen bewusst suchen. Danach, als das sanfte Morgenlicht die fernen Wüsten und Canyons golden aufleuchten ließ, setzte ich mich hin und genoss die Landschaftsszenerie. Da war Mexiko, welches mich schon lange magisch anzog, und hier waren fantastische wilde Landschaften mit Kakteen, Felszinnen und erodierten Felsen. Der Wilde Westen war das, was ich in Texas gesucht und nun gefunden hatte. Nink saß vor seinem Zelt und drehte die erste Zigarette des Tages. Es war wie im Film „Butch Cassady und der Sundance Kid" mit Paul Newman und Robert Redford – zwei Desperados mit Kamera und Bleistift auf dem Weg über den Rio Grande nach Old Mexiko.

Auch heute, viele Jahre später, präsentiert sich der legendäre Nationalpark ähnlich wild und unberührt. Teils fühlt es sich an, dass sich grundsätzlich nichts geändert hat und es dort noch aussieht wie vor vielen Jahren.

ANREISE

Der Big Bend National Park liegt rund sechs Autostunden östlich von El Paso oder alternativ sieben Autostunden westlich von San Antonio. Als Basis für Touren in den Nationalpark und zum Rio Grande bietet sich die Kleinstadt Marathon an.

UNTERKUNFT

The Gage Hotel: Historisches Hotel in traditioneller Adobe-Architektur und mit viel Südwest-Ambiente, DZ ab 350 USD; 102 NW 1st St Highway 90W, Marathon, TX 79842, *gagehotel.com*

AKTIVITÄTEN

Big Bend National Park: Einer der größten Nationalparks und UNESCO-Biosphärenreservat mit Canyons, Wasserfällen, Wäldern und Wüsten sowie einer einzigartigen Tierwelt mit Adlern, Kojoten, Schwarzbären und Berglöwen, seit 2012 als Dark Sky Reserve (Lichtschutzgebiet) ausgewiesen, gut 100 Kilometer südlich von Marathon; *nps.gov/bibe*

Starlight Theatre: Bekannter Saloon mit guter Küche und Live-Musik; 631 Ivey Rd, Terlingua, TX 79852, *thestarlighttheatre.com*

Chinati Foundation: Museum für Freunde der modernen Künste; 1 Cavalry Row, Marfa, TX 79843, *chinati.org*

Rafting-Touren: Abenteuer auf dem Wasser von vier Stunden bis zehn Tagen, ab 82 USD pro Person; *bigbendrivertours.com*

Austin

Hauptstadt der Live-Musik

Autor: Christian Dose

Weit über die Stadtgrenzen bekannt: das Broke Spoke mit Restauant und Dancehall

Wer durch Austins Innenstadt schlendert, hört gefühlt an jeder dritten Tür Musik. Ob Rock oder Country – die texanische Hauptstadt klingt gut. Mit mehr als 250 Bühnen wirbt die lokale Tourismusorganisation, so dass hier angeblich mehr Bands auftreten als in Nashville.

Musikinstrumente werden vielerorts angeboten.

Samstagabends, ein paar Autominuten vom Stadtzentrum entfernt. Unablässig strömen Menschen ins Broken Spoke. Das Restaurant durchqueren sie zügig, ihr Ziel: die sogenannte Dance Hall. Das 1964 eröffnete Broken Spoke mit Restaurant, Bar und Tanzfläche gilt als eine Ikone des alten Austin. Und während hinten das Tanzbein geschwungen wird, gibt vorne der Künstler des Abends ganz eine Zugabe. Der perfekte Abschluss eines Sightseeing-Tages.

Wahrzeichen der Stadt

Auch wer nur einen Tag in Austin verbringt, sollte sich Zeit nehmen für das zentral gelegene und weithin sichtbare Texas State Capitol. Mit 92 Metern Höhe übertrumpft der Bau das Kapitol in Washington um sechs Meter.

Im Anschluss lohnt es sich, die Congress Avenue entlang zu schlendern. Hier finden sich viele Geschäfte sowie das

ausgezeichnete Museum The Contemporary Austin mit seiner Sammlung zeitgenössischer Kunst. Auf lateinamerikanische Werke ist das Mexic-Arte Museum zwei Straßenblocks weiter spezialisiert. An der kreuzenden Sixth Street als historische Prachtstraße liegen zahlreiche denkmalgeschützte Gebäude. Musikgeschäfte sowie Bars, Restaurants und Clubs machen indes dem Ruf der Stadt als „Live Music Capital of the World" alle Ehre.

Unterwegs auf dem Szene-Boulevard

Weiter südlich – jenseits des Colorado River – wird die Congress Avenue zur South Congress Avenue, der Schlagader des Szeneviertels South Congress. Boutiquen (legendär: die Stiefel von Allens Boots) und Galerien verleihen dem Stadtteil ein eigenes Flair. Zwischen angesagten Restaurants wie Perla's Seafood & Oyster Bar und Foodtrucks ertönt im Continental Club die angeblich beste Country- und Blues-Musik der Region!

Die Congress Bridge über den Colorado River lohnt indes einen abendlichen Besuch: Dann lassen sich die 1,5 Mio. Fledermäuse beobachten, die es sich unter Brücke gemütlich gemacht haben.

Beliebt bei Kajakfahrern: der Barton Creek

Mit dem Kajak gen City

Wer nach Sightseeing und Unterhaltung eine Pause braucht, steuert den weitläufigen Zilker Park an. In der schönsten der vielen Grünanlagen findet sich bestimmt ein ruhiges Plätzchen, beispielsweise am Burton Springs Pool oder inmitten der mehr als 100 Skulpturen des Umlauf Sculpture Garden. Überdies können Besucher hier ein Kanu mieten und über den Barton Creek in den Colorado River paddeln. Vom Wasser bietet sich der vielleicht schönste Blick auf die Stadt.

Studentenflair und Tech-Mekka

Austin gilt nicht nur als Musikmetropole, sondern auch als junge Stadt mit vielen Tech-Firmen. Schließlich wurde hier der

Der Zilker Park ist die grüne Oase von Austin schlechthin.

Gigant Dell Computer gegründet. Urlauber, die den Campus der University of Texas besuchen, nehmen ein bisschen dieser Dynamik mit. Viele Einrichtungen wie die Battle Hall mit der Architekturbücherei oder die Kunstgalerie – samt historischer Gutenberg-Bibel – lassen sich besichtigen. Und nur wenige Gehminuten entfernt liegt die LBJ Library: Sie erinnert an die Geschichte von Lyndon B. Johnson, 36. US-Präsident und der erste in Texas geborene Präsident.

Legendäres Festival

Den Ruf Austins als Musik-Metropole befeuert normalerweise alljährlich im März das South by Southwest-Festival (SXSW): Es gilt als einer der wichtigsten Treffpunkte der Musik- und Kreativbranche. Das Festival umfasst neben Konzerten von Weltstars wie Norah Jones auch Konferenzen und Fachausstellungen zu Musik, Film und interaktiven Medien.

austintexas.org

ANREISE

Bis zum Ausbruch der Pandemie gab es Nonstopflüge mit Lufthansa. Mit Umsteigen fliegen alle bekannten Airlines die viertgrößte Stadt in Texas an. Mit dem Auto sind es von Houston oder von Dallas aus jeweils rund drei Stunden, von San Antonio aus eine gute Stunde.

UNTERKUNFT

South Congress Hotel: Mitten im Szeneviertel, mit Rooftop-Pool, DZ ab 259 USD; 1603 S Congress Ave, Austin, TX 78704, *southcongresshotel.com*

ESSEN UND TRINKEN

Broken Spoke: Restaurant und Dance Hall sind legendär; 3201 S Lamar Blvd, Austin, TX 78704, *brokenspoke-austintx.net*

Perla's Seafood & Oyster Bar: Auf Fisch und Meeresfrüchte spezialisiert; 1400 S. Congress Ave, Austin, TX 78704, *perlasaustin.com*

AKTIVITÄTEN

Texas State Capitol: Besichtigungen und geführte Touren; 1100 Congress Ave, Austin, TX 78701, *tspb.texas.gov*

The Contemporary Austin: Bekannt für zeitgenössische Kunst, 10 USD Eintritt; 700 Congress Ave, Austin, TX 78701, *thecontemporaryaustin.org*

Mexic-Arte Museum: Schau von lateinamerikanischen Werken, 7 USD Eintritt; 419 Congress Ave, Austin, TX 78701, *mexic-artemuseum.org*

Zilker Park Boat Rentals: Kanus und Standup-Paddling, ab 18 USD pro Stunde, keine Kreditkarten; 2101 Andrew Zilker Rd, Austin, TX 78746, *zilkerboats.com*

LBJ Library und Museum: Zeigt Leben und Wirken von Lyndon B. Johnson, dem 36. Präsidenten der USA; 2313 Red River St, Austin, TX 78705, *lbjlibrary.org*

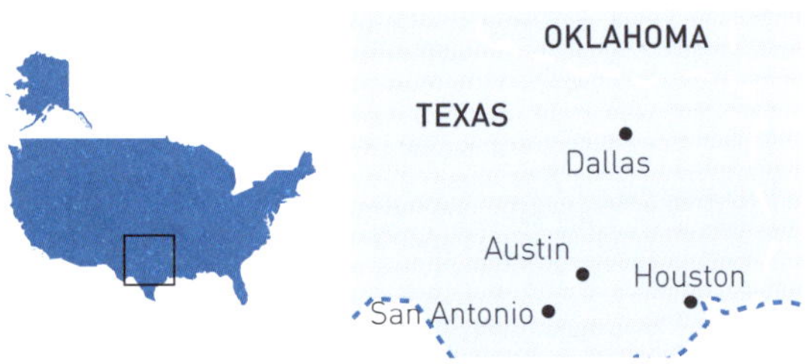

AmerikaHaus
NORDRHEIN-WESTFALEN

AMERIKAHAUS NRW JOURNAL

JÄHRLICHE HIGHLIGHTS

ANGEBOT FÜR SCHULEN

GERMAN-AMERICAN RELATIONS AFTER THE U.S. PRESIDENTIAL ELECTION

GRUSSWORT DES VORSTANDS-VORSITZENDEN DR. INGO WOLF

LIEBE FREUNDINNEN UND FREUNDE DER USA UND DES AMERIKAHAUS NRW E.V.,

als Vorstandsvorsitzender ist es mir eine besondere Freude, Sie auf diesem Wege zu begrüßen und Ihnen das vielfältige Angebot des AmerikaHaus NRW e.V. vorzustellen.

Vielleicht wissen Sie bereits, dass Nordrhein-Westfalen das amerikanischste aller Bundesländer ist: mit über 14.000 US-Bürgerinnen und -Bürgern und mehr als 1600 US-Firmen – und somit den mit Abstand meisten innerhalb Deutschlands.

Diese starke amerikanische Prägung und Präsenz nutzen wir für unsere Programme und Projekte, die sich vorrangig an die breite Öffentlichkeit richten – also an Sie alle! Wir verstehen uns dabei als moderne Netzwerkorganisation, die eng mit den verschiedenen Akteuren vor Ort zusammenarbeitet und hierdurch einen in Nordrhein-Westfalen einzigartigen transatlantischen Austausch ermöglicht.

Unser neues AmerikaHaus NRW Journal erscheint künftig regelmäßig im Magazin 360° USA. In dieser ersten Ausgabe stellen wir Ihnen unseren Verein und seine Aktivitäten vor und möchten Sie einladen, Teil der AmerikaHaus-Familie zu werden: als Besucherinnen und Besucher unserer Veranstaltungen, als Teilnehmerinnen und Teilnehmer an unseren Projekten – und gerne natürlich auch als Mitglieder, mit exklusiven Unterstützungs- und Beteiligungsmöglichkeiten.

In der Zukunft erwarten Sie an dieser Stelle dann auch verstärkt Berichte zu unseren vergangenen wie künftigen Aktivitäten und Analysen zu aktuellen transatlantischen Themen. Einen Vorgeschmack finden Sie ganz am Ende der aktuellen Ausgabe: mit der Nachbetrachtung zur US-Wahl von unserem Gastautor Dr. Steven E. Sokol vom American Council on Germany.

Abschließend möchte ich die Gelegenheit nutzen, um Ihnen und Ihren Familien alles Gute und vor allem Gesundheit in diesen herausfordernden Zeiten zu wünschen. Ich hoffe, Sie teilen meine rheinische Zuversicht, die der amerikanischen vielleicht gar nicht so unähnlich ist, dass wir die gesellschaftlichen und politischen Herausforderungen auf beiden Seiten des Atlantiks gemeinsam meistern werden.

Auf ein baldiges Wiedersehen,
in transatlantischer Verbundenheit,

Ihr

GRUSSWORT DER US-GENERALKONSULIN IN DÜSSELDORF FIONA EVANS

DEAR READER,

As the American Consul General in NRW since August 2018, I am lucky to see the strong German-American Friendship in action, across all sectors. I celebrated German-American Day, October 6th, with the Mayor of Krefeld, from where the first German emigrants left for America in 1683. The relationship endures today as Krefeld is connected with Charlotte, North Carolina in a sister-city partnership. Likewise, Muenster and Rochester, Minnesota are paired together as part of the smart cities climate initiative with the NRW Ministry of Environment. Local officials are exchanging best practices on transportation and resource management.

Just recently I visited businesses who are invested in Germany and the United States and met with American exporters. Every company is eager to pursue business and seek stronger economic ties with a democratic partner that respects the rule of law. Finally, our US elections school program connected students together as young Germans learn that the issues American voters care about are sometimes similar to their own.

The past two years have also been personally special as I have researched my own German heritage and found distant relatives who have embraced me as family. While the German-American friendship is rooted in common values and history, it is also practiced and visible to us each and every day. Thank you to all of you who are living out this partnership every day, and a special thank you to the Amerika Haus NRW board and Director Benjamin Becker for their work that brings our two great countries even closer together.

Consul General Fiona Evans

AMERIKAHAUS NRW E.V.

Der AmerikaHaus NRW e.V. wurde im Sommer 2007 als Nachfolgeinstitution des vom US State Department geführten Amerikahauses Köln gegründet. Der Verein finanziert sich aus öffentlichen Mitteln (Auswärtiges Amt, Land NRW, Stadt Köln, US-Botschaft) sowie privaten Spenden (Firmenmitglieder und Privatleute).

Der AmerikaHaus NRW e.V. ist eine gemeinnützige Organisation, die jährlich mehr als 50 Veranstaltungen und Projekte zu Politik, Wirtschaft, Kultur und Bildung organisiert – für die breite Öffentlichkeit, in ganz Nordrhein-Westfalen. Unter den wiederkehrenden Highlight-Formaten befinden sich das Fest zum amerikanischen Unabhängigkeitstag am 4. Juli, die Otto Wolff Lecture mit einer bedeutenden transatlantischen Persönlichkeit und Gesprächsrunden sowie Townhall Meetings mit Botschaftern und amerikanischen Politikern. Hinzu kommen Podiumsdiskussionen, Konzerte, Universitäts- und Schulprojekte. Auf unserer Website *amerikahaus-nrw.de* können Sie sich in unseren kostenfreien Newsletter-Verteiler eintragen – so erhalten Sie alle öffentlichen Einladungen und verpassen nichts!

DER VORSTAND

Dr. Ingo Wolf
Vorstandsvorsitzender
Staatsminister a. D.

Jeane Freifrau von Oppenheim
Ehrenvorsitzende

Hendrik Hollweg
Vorstandsmitglied

Dr. Juliane Kronen
Vorstandsmitglied

Dr. Martin Vorsmann
Vorstandsmitglied

Maren Friedlaender
Vorstandsmitglied
(kooptiert)

Fabian Bauwens-Adenauer
Vorstandsmitglied

Gerald Böse
Vorstandsmitglied

Wolfgang Mainz
Vorstandsmitglied

Prof. Dr. Rainer Minz
Vorstandsmitglied

DAS TEAM DER GESCHÄFTSSTELLE

Dr. Benjamin Becker
Direktor
E-Mail: becker@amerikahaus-nrw.de

Katharina Kiefel, M.A.
Programm-Managerin
E-Mail: kiefel@amerikahaus-nrw.de

Maike Streit, M.A.
Büroverwaltung
E-Mail: streit@amerikahaus-nrw.de

Bilgehan Sarial
Projektkoordinatorin
E-Mail: sarial@amerikahaus-nrw.de

Tamar Karchava
EducationUSA Adviser
E-Mail: karchava@amerikahaus-nrw.de

Romy Wüst
Bundesfreiwillige
E-Mail: wuest@amerikahaus-nrw.de

Impressum
AmerikaHaus NRW e.V.
Geschäftsstelle: Apostelnstraße 14-18, 50667 Köln, Telefon: +49 221 - 169 26 350, E-Mail: info@amerikahaus-nrw.de
Verantwortlich (V.i.S.d.P.): Dr. Benjamin Becker
Redaktion: Bilgehan Sarial
Lektorat: Christian Dose (360° USA)
Gestaltung: 360° medien ©
Bildnachweis: Alle AmerikaHaus e.V.; außer: S. 41 (U.S. Consulate General Düsseldorf), S. 42 (privat: Hollweg, Vorsmann, Bauwens-Adenauer; Kölnmesse: Böse), S. 43 (privat: Becker, Kiefel, Streit, Sarial, Karchava, Wüst), S. 51 (privat: Karchava), S. 52 (Washington.org), S. 53 (American Council on Germany, Christian Dose)

DER FREUNDESKREIS DES AMERIKAHAUS NRW E.V.

Der Freundeskreis des AmerikaHaus NRW e.V. ist im Frühjahr 2011 aus der traditionsreichen deutsch-amerikanischen Vereinigung Steuben-Schurz e.V., Düsseldorf hervorgegangen. Er verfolgt das Ziel, den transatlantischen Dialog zu pflegen und mitzugestalten.

Der Freundeskreis möchte die internationale Gesinnung, die Toleranz auf allen Gebieten der Kultur und den Gedanken der Völkerverständigung fördern, insbesondere durch die Unterstützung des AmerikaHaus NRW e.V. Menschliche, kulturelle und wirtschaftliche Beziehungen zwischen Deutschen und Angehörigen der Vereinigten Staaten von Amerika werden hier gepflegt und vertieft.

Bei besonders nachgefragten Veranstaltungen des AmerikaHaus NRW e.V. genießen Mitglieder Priorität bei der Anmeldung. Sie haben zudem die Möglichkeit, sich aktiv an der Pflege und dem Ausbau der deutsch-amerikanischen Beziehungen zu beteiligen, und erhalten Einladungen zu exklusiven Veranstaltungen im kleineren Kreis.

Exklusive Direktionsführung der Ausstellung „Es war einmal in Amerika – 300 Jahre US-Amerikanische Kunst" im Wallraf-Richartz-Museum (2018)

Führung durch die Ausstellung „Mapping the Collection" im Museum Ludwig (2020)

Wir laden Sie ein, uns dabei als Mitglied des Freundeskreises zu begleiten. Anmeldeinformationen finden Sie im Internet:
amerikahaus-nrw.de/de/freundeskreis.html

Der Vorstand des Freundeskreises Amerika Haus e.V. NRW setzt sich zusammen aus:
Daisy Gräfin von Einsiedel, Vorstandsvorsitzende
Martin-Sebastian Abel
Renate Braunsfeld, Schatzmeisterin
Maren Friedlaender
Peter Jansen
Dr. Raphaela Tkotzyk

WIEDERKEHRENDE HIGHLIGHT-VERANSTALTUNGEN

VORTRAGSREIHE OTTO WOLFF LECTURE

Die Otto Wolff Lecture wurde von der Gründungs- und Ehrenvorsitzenden des AmerikaHaus NRW e.V., Jeane Freifrau von Oppenheim, und der Otto Wolff Stiftung initiiert. Die Vortragsreihe ehrt mit Alfred von Oppenheim und Otto Wolff von Amerongen zwei Freunde, die ihr Leben der Pflege der transatlantischen Beziehungen gewidmet haben. Beide standen der Industrie- und Handelskammer zu Köln vor und spielten eine bedeutende Rolle für die Stadt Köln und die Forschung zur internationalen Politik.

Mit der Otto Wolff Lecture laden die Otto Wolff Stiftung und der AmerikaHaus NRW e.V. seit 2009 renommierte Experten aus den USA nach Köln ein, um wichtige politische Fragen unserer Zeit zu diskutieren. Unter den Vortragenden waren zuletzt die ehemalige US-Außenministerin Condoleezza Rice (2020) und der ehemalige US-Botschafter in Deutschland John B. Emerson (2019) sowie in der Vergangenheit weitere Botschafter, Politiker und Leiter von Think Tanks.

2020: Vortrag von Secretary Condoleezza Rice zu „The Future of Transatlantic Relations"

In diesem Jahr wurde uns die große Ehre zuteil, die ehemalige US-Außenministerin Dr. Condoleezza Rice als Gastrednerin für unsere Otto Wolff Lecture zu gewinnen. Sie war uns via Zoom vom Campus der Stanford University zugeschaltet, wo sie unlängst die Leitung der renommierten Hoover Institution übernommen hat. Das Gespräch mit ihr führte der mehrfach ausgezeichnete Journalist Klaus Brinkbäumer.

Ihren Eingangsvortrag unter dem Titel „The Future of Transatlantic Relations" begann Secretary Rice mit einem klassischen, in der Historie begründeten Bekenntnis zu den transatlantischen Beziehungen, um dann auf aktuelle und künftige Herausforderungen einzugehen. Hier benannte sie mit dem Brexit, populistischen Bewegungen vor allem in Osteuropa, dem Verhältnis zu China, der Lastenverteilung innerhalb der NATO und dem abnehmenden Interesse jüngerer Generationen die bekannten großen Themenblöcke – interessanterweise, ohne auf Probleme innerhalb der oder mit den USA einzugehen. Dies gelang im anschließenden Gespräch dank einem gewohnt brillanten Klaus Brinkbäumer, der eine Vielzahl an Themen ansprach, dabei auch zahlreiche schriftlich eingereichte Fragen des Publikums aufgriff und Secretary Rice – bei aller Elder-Stateswoman-Diplomatie – so manche spannende Aussage zwischen den Zeilen entlockte.

2019: Ambassador John B. Emerson zu „Transatlantic Relations in an Era of Disruption"

In seinem Vortrag hat Botschafter John B. Emerson analysiert, dass die zunehmende Globalisierung und Automatisierung bei einem Teil der weltweiten Bevölkerungen ein Gefühl der Überforderung ausgelöst hätten. Die einfache Lösung sei es dann leider oft, mit dem Finger auf „die Anderen" zu zeigen – eine Strategie, die von Populisten gerne verwendet werde. Zunehmend sei dabei das Vertrauen in demokratische Institutionen, Politiker und Medien verlorengegangen; und die Geschwindigkeit und Wirkungsweise der sozialen Medien habe dies zusätzlich beschleunigt.

Umso wichtiger sei es, so Emerson, bestehende Probleme offen anzusprechen und zu diskutieren – so zum Beispiel im Rahmen von Diskussionsveranstaltungen des AmerikaHaus NRW e.V.

Zum Ende seines Vortrags zitierte Emerson den früheren US-Präsidenten Barack Obama, der in seinen Reden gerne den folgenden Satz verwendet: „If you had to choose one moment in history in which to be born, and you didn't know in advance whether you were going to be male or female, which country you were going to be from, what your status was, you'd choose right now." Emerson schloss sich dieser Aussage an und endete mit der optimistischen Feststellung, dass es uns, trotz aller aktuellen Entwicklungen, global betrachtet besser denn je zuvor gehe.

Feier zum Independence Day

Traditionell begeht der AmerikaHaus NRW e.V. den amerikanischen Unabhängigkeitstag am 4. Juli mit einem großen Fest, das zu den gesellschaftspolitischen Höhepunkten (nicht nur) des Kölner Veranstaltungskalenders zählt. Die regelmäßig rund 200 bis 300 Gäste

erwartet ein typisch amerikanisches Barbecue, US-Musik, gute Gespräche – und sogar ein abschließendes Höhenfeuerwerk! Regelmäßig befinden sich unter den Gästen der/die US-Generalkonsul/in in Düsseldorf, der/die Kölner Oberbürgermeister/in sowie Gäste aus Politik, Kultur, Wirtschaft und der breiten Bevölkerung.

Die letzte 4th-of-July-Feier fand am 4. Juli 2019 erstmals bei Santos Grills statt – dem größten Grillhändler der Welt. Die Gäste erwartete in diesem Jahr ein Essen zubereitet von Grillmeistern, Live-Musik vom

Saxofonisten Max Haschemi und der Sopranistin Maria Shapiro sowie Lounge-Musik von DJ René Pera – und natürlich das abschließende Feuerwerk.

Der Abend diente als Gelegenheit zur öffentlichen Staffelübergabe vom früheren AmerikaHaus-Vorsitzenden Dr. Rainer Minz an seinen Nachfolger Dr. Ingo Wolf. Letzterer sowie die Gründungs- und Ehrenvorsitzende Jeane Freifrau von Oppenheim dankten Dr. Minz für sechs sehr engagierte Jahre im Vereinsvorsitz und freuten sich gemeinsam mit US-Generalkonsulin Fiona S. Evans, Oberbürgermeisterin Henriette Reker und allen Gästen auf viele weitere Gelegenheiten zur Vermittlung der transatlantischen Freundschaft in Nordrhein-Westfalen.

2018 hat der AmerikaHaus NRW e.V. unter dem inoffiziellen Motto „Thank you, Michael!" am 4. Juli 2018 seine traditionelle Feier zum amerikanischen Unabhängigkeitstag im Restaurant The New Yorker | Long Island Grill & Bar gleich am Kölner Rheinufer begangen. Gemeint war der amerikanische Generalkonsul Michael R. Keller, der nach dreijähriger Amtszeit in NRW feierlich verabschiedet wurde: mit Ansprachen, einer musikalischen Darbietung und einer von Wunderkerzen flankierten Torte mit oben zitiertem Ausspruch.

WEITERE PROGRAMMHÖHEPUNKTE

EHEMALIGE US-ABGEORDNETE BESUCHEN NRW

Vom 4. bis 7. November 2019 waren auf Einladung des AmerikaHaus NRW e.V. zwei ehemalige Mitglieder des US-Repräsentantenhauses auf Sprecherreise in Nordrhein-Westfalen. Die Republikanerin Barbara Comstock aus Virginia und der Demokrat Gene Green aus Texas besuchten insgesamt vier Städte: Dortmund, Düsseldorf, Köln und Bonn. Das Projekt fand in Kooperation mit lokalen sowie internationalen Partnern statt, darunter die Europe-Direct-Zentren und Städte Dortmund und Düsseldorf, der Auslandsgesellschaft.de e.V. und die US Association of Former Members of Congress.

Die Sprecherreise beinhaltete mehr als zehn Treffen mit unterschiedlichen Zielgruppen und Formaten. Dabei dienten zwei größere Townhall-Veranstaltungen zum Beginn der Woche als öffentlichkeitswirksamste Aufhänger der Reise: Am Montag begrüßten Oberbürgermeister Ullrich Sierau und Auslandsgesellschafts-Präsident Klaus Wegener die ehemaligen Abgeordneten in der Bürgerhalle des Dortmunder Rathauses. Und am Dienstag lud Oberbürgermeister Thomas Geisel die amerikanischen Gäste in den Plenarsaal des Düsseldorfer Rathauses. Vor jeweils gut gefüllten Rängen diskutierten die Gäste unter fachkundiger Moderation von Gerald Baars (Dortmund) bzw. Arnd Henze (Düsseldorf) die aktuelle US-Politik in europäischer Perspektive – mit inhaltlichen Schwerpunkten auf die Bereiche Klima (Dortmund) respektive Handel und Sicherheit (Düsseldorf).

FAZIT ZUR MÜNCHNER SICHERHEITSKONFERENZ

Regelmäßig nutzen wir Großveranstaltungen, um hochkarätige US-Sprecher für einen Anschlussbesuch in Nordrhein-Westfalen zu gewinnen. Unmittelbar nach der 56. Münchner Sicherheitskonferenz im Jahr 2020 gelang es uns, in Kooperation mit dem US-Generalkonsulat Düsseldorf und der Parlamentariergruppe NRW-USA mit Elbridge Colby einen US-Experten für Außen- und Sicherheitspolitik für eine Diskussion im Düsseldorfer Landtag zu gewinnen.

Colby war bis vor kurzem im US-Verteidigungsministerium als stellvertretender Abteilungsleiter für Strategie und Truppenbewegung tätig und verantwortlich für die 2018 National Defense Strategy der Trump-Regierung. Gemeinsam mit A. Wess Mitchell, dem ehemaligen Leiter der Abteilung europäische und eurasische Angelegenheiten im US-Außenministerium, gründete Colby den Think Tank „Marathon Initiative", der sich mit der „Great Power Competition" beschäftigt, insbesondere mit dem Wettbewerb zwischen den USA, China und Russland auf gesellschaftlicher, wirtschaftlicher, politischer und militärischer Ebene.

Im Gespräch mit der Deutschlandfunk-Journalistin Doris Simon berichtete Colby von seinem Besuch auf der Münchner Sicherheitskonferenz und ging vor allem auf aktuelle Fragestellungen zur US-Außen- und Sicherheitspolitik ein. Im Fokus stand der Umgang mit dem ökonomischen und technologischen Aufstieg Chinas und die daraus resultierende Bedeutung für die USA sowie die transatlantischen Beziehungen. Colby warnte Europa davor, den chinesischen Technik-Giganten Huawei bei dem Ausbau des neuen Mobilfunknetzes 5G zu beteiligen, da dessen Abhängigkeit von der Kommunistischen Partei die nationale und internationale Sicherheit gefährde.

JUANDALYNN R. ABERNATHY – SÄNGERIN UND ZEITZEUGIN VON DR. MARTIN LUTHER KING JR.

In Kooperation mit der Volkshochschule Köln konnten wir im September 2019 einen ganz besonderen Gast in der Domstadt begrüßen: Juandalynn R. Abernathy, Tochter von Dr. Martin Luther King Jr.s engstem Freund und Wegbegleiter Ralph D. Abernathy, der nach Kings Tod seinen Kampf an der Spitze der US-Bürgerrechtsbewegung fortsetzte. Bereits als Kind gestaltete Juandalynn R. Abernathy als Solistin mit klassischen religiösen Liedern die Heilige Messe in großen Kirchen verschiedener amerikanischer Bundesstaaten. Ihre musikalische Ausbildung und das Goethe-Institut brachten sie vor etwa 30 Jahren nach München.

In Köln präsentierte Abernathy ein bewegendes zweigeteiltes Programm: Zunächst stellte sie ihre musikalische Virtuosität bei Interpretationen afroamerikanischer Spirituals unter Beweis. Im Anschluss berichtete sie als Zeitzeugin über Rassismuserfahrungen, die US-Bürgerrechtsbewegung und ihre Zeit mit Dr. Martin Luther King. Hierbei zeigte sie private Bilder aus ihrem Familienarchiv, die sie mit den Ikonen des Civil Rights Movement abbildete. Im Anschluss an Konzert und Vortrag beantwortete Abernathy die zahlreichen Fragen des begeisterten Publikums. Besonders erfreut waren wir dabei über die große Anzahl an Schülern, die sich die Gelegenheit zum Austausch mit Abernathy nicht entgehen lassen wollten.

INDIANA JAZZ EXCHANGE

Der Indiana Jazz Exchange in Kooperation mit dem Freundeskreis Köln-Indianapolis gehört zu unseren beliebtesten, jährlich wiederkehrenden Formaten. Im Rahmen der Städtepartnerschaft reist Dr. Monika Herzig, deutsche Auswanderin in die USA, Jazz-Pianistin und -Dozentin, regelmäßig von Indianapolis nach Köln und versammelt dort dann ein hochkarätiges Ensemble in wechselnder Besetzung: für ein großes Konzert im Kölner Alten Pfandhaus und für begleitende Jazz-Projekte an Schulen aus der Region.

Im Juni 2019 fand der Jazz-Austausch zum siebten Mal statt – dieses Mal unter dem Motto „The Great American (Indiana) Songbook“. Gespielt wurden die legendären Hits der einflussreichsten Komponisten der 1920er-Jahre, Cole Porter und Hoagy Carmichael, arrangiert von Monika Herzig für Cello und Flöte. Die Musiker präsentierten ihre berühmtesten Hits wie „Georgia“, „Skylark“, „Night and Day“ und „Can't Get Indiana Off My Mind“.

Ein Jahr später, auf dem Höhepunkt der ersten Corona-Welle, stand für den AmerikaHaus NRW e.V., den Freundeskreis Köln-Indianapolis und nicht zuletzt die Musiker um Dr. Monika Herzig und Echo-Klassik-Preisträger André Nendza (Köln) fest: Der Jazz Exchange findet statt – trotz oder gerade wegen Corona.

Über Nacht stand das Konzept einer virtuellen Durchführung via Zoom – und einige Abstimmungsrunden später war klar: Wir nutzen die Krise als Chance! Statt einem Konzert fanden drei statt – mit Trios um jene Musiker, die eigentlich in Köln spielen sollten, und die nun vor einem weltweiten Livepublikum aus ihren Heimat-Tonstudios in Köln, Karlsruhe und schließlich Indianapolis aufzeichneten und live streamten. In den einstündigen Konzerten begeisterten die Musiker mit einem Mix aus Standards mit Bezug zur Jazz-Szene in Indiana. Dieses Angebot wurde dankend angenommen.

ANGEBOT FÜR SCHULEN

Neben öffentlichen Veranstaltungen bietet der AmerikaHaus NRW e.V. ein wachsendes Schulprogramm an, das sich speziell an Schülerinnen und Schüler in Nordrhein-Westfalen richtet. Das Angebot besteht aus verschiedenen Formaten:

Teilnahme an Veranstaltungen: Regelmäßig besuchen Einzelschüler/innen oder ganze Schulklassen unsere politischen Diskussionen und Kulturveranstaltungen – und erhalten hier die Gelegenheit, in den direkten Austausch mit den teils hochkarätigen Referenten aus den USA zu treten.

Exklusive Schul-Veranstaltungen: Gerade amerikanische Politiker und Künstler freuen sich oft besonders über den Austausch mit deutschen Schülerinnen und Schülern. In der Vergangenheit konnten wir so exklusive Diskussionsrunden oder auch Lesungen an und mit Schulen ausrichten – beispielsweise im Jahr 2018 mit dem Pulitzer-Preisträger Colson Whitehead.

Schulseminare: Sehr gerne bieten wir in Zusammenarbeit mit US-Referenten – in der Regel Austauschstudierende im Rahmen eines Teaching Assistantship an deutschen Schulen – 45- bis 90-minütige Schulseminare an, zu lehrplankompatiblen Themen wie dem American Dream, dem US-Wahlsystem oder dem Wahlkampf.

Schulexkursion „Ziemlich Beste Freunde. Deutschland – Europa – USA"

Ein besonderes Projekt ist unsere eintägige Schulexkursion „Ziemlich Beste Freunde. Deutschland – Europa – USA", die sich an Geschichtskurse der Oberstufe an Gymnasien und Gesamtschulen richtet (EF, Q1, Q2). Die Schülerinnen und Schüler besuchen zunächst die amerikanische Kriegsgedenkstätte Henri-Chapelle American Cemetery and Memorial in Belgien, um dann im starken Kontrast die ehemalige NS-Ausbildungsstätte Vogelsang IP in der Eifel als dezidierten „Täterort" zu erleben. Ziel des Ausflugs ist einerseits eine Auseinandersetzung mit

diesem düsteren Kapitel der deutsch-amerikanischen Beziehungen, anderseits jedoch auch der interkulturelle Erkenntnisgewinn mit Blick auf das heutige Zusammenleben zwischen US-Amerikanern und Deutschen im europäischen Kontext. Das Projekt wird durchgeführt in Kooperation mit der StädteRegion Aachen, dem Kulturbetrieb der Stadt Aachen und der Stiftung Internationaler Karlspreis zu Aachen.

Alle genannten Angebote sind für die teilnehmenden Schulen und Schüler/innen kostenfrei. Interessierte Lehrer/innen und Schüler/innen können uns gerne per E-Mail an *info@amerikahaus-nrw.de* kontaktieren.

NEUE PROJEKTE

MOVIE NIGHTS

Seit dem Sommer 2020 bieten wir eine monatliche Filmreihe an, in der wir sowohl Klassiker der US-Filmgeschichte als auch neue Werke zeigen. Den Auftakt bildete im Juli eine Sneak Preview des Familiendramas „Waves" von Regisseur Trey Edward Shults.

Die Filme werden im extra angemieteten Kinosaal jeweils im englischen Originalton gezeigt – stilecht mit Popcorn, Nachos und Softdrinks. Dies alles ist aktuell komplett kostenfrei für alle Besucher.

AMERIKAHAUS NRW PROUDLY OFFERS: Education USA

Education USA

A U.S. Department of State Network

AmerikaHaus NRW is proud to offer a new service, as part of the U.S. Department of State's EducationUSA network: all interested students and their parents can now receive free virtual assistance regarding studying or research possibilities in the US!

What is EducationUSA?

EducationUSA is a global network of more than 430 advising centers supported by the U.S. Department of State Bureau of Educational and Cultural Affairs. EducationUSA centers actively promote U.S. higher education around the world by offering accurate, comprehensive and current information about educational institutions in the United States and guidance to qualified individuals on how best to access those opportunities.

EducationUSA also provides services to the U.S. higher education community to help institutional leaders meet their recruitment and campus internationalization goals. EducationUSA centers are located in U.S. Embassies and Consulates, Fulbright Commissions, bi-national centers, universities, and non-profit organizations.

There are 10 EducationUSA advising centers located throughout Germany: *educationusa.state.gov*

Are you interested in studying opportunities in the US and need help?

Our EducationUSA adviser Tamar Karchava will assist you to pursue your studies by covering the following topics:

- admission process;
- application requirements;
- US standardized tests;
- financing a U.S. education;
- visa process;
- etc.

What kind of services does EducationUSA offer?

- individual advising;
- group advising;
- monthly sessions on studying possibilities in the US;
- joint sessions with Higher Education Institutions (HEI) representatives;
- school visits;
- organizing and participating in fairs;
- etc.

How can you reach us?

Our EducationUSA adviser Tamar Karchava can be reached via the following channels:

- schedule individual or group appointments via e-mail to *karchava@amerikahaus-nrw.de* or *educationusa@amerikahaus-nrw.de*;
- join us via Zoom or Skype or call us during our virtual advising hours every Tuesday between 2pm and 4pm.

Zoom: *tinyurl.com/EducationUSA-NRW*

Skype: EdUSA AmerikaHaus NRW

Phone: +49 221 169 26 309

Please also feel invited to follow us on social media:

Facebook: *facebook.com/AmerikaHausNrw*

Instagram: *instagram.com/amerikahausnrw*

We look forward to hearing from you!

Meet our EducationUSA Adviser Tamar Karchava

My name is Tamar Karchava. I am originally from the country of Georgia, currently living in Bonn, Germany. After graduating from the University of Language and Culture in Tbilisi, I was involved in teaching for several years. In 2004, I joined the Center for International Education (CIE) as an EducationUSA Adviser. During that period I attended multiple trainings and workshops to deepen my expertise and assist prospective students in pursuing their study or research opportunities in the US.

In 2013, I moved to Germany and became a student adviser at Amerikazentrum Hamburg, where I basically continued to work in the same field, but for the German community, which was an extremely interesting experience dealing with a very multi-cultural society.

In October 2020, I joined AmerikaHaus NRW e.V. as its first EducationUSA Adviser. I very much look forward to developing the program in NRW, and to working with the student population in this region.

GERMAN-AMERICAN RELATIONS AFTER THE U.S. PRESIDENTIAL ELECTION

By Dr. Steven E. Sokol, President, American Council on Germany

It is no surprise that in the run-up to the U.S. presidential election, one big question in Germany was: How will the German-American partnership be impacted by results of the election? Judging from media reports, some Germans would have liked to vote in the election – because as stated by Wolfgang Ischinger, the Chairman of the Munich Security Conference and former German Ambassador to the United States, "Germans understand how much of what happens in the U.S. affects them and Germany."

We now know that Joe Biden and Kamala Harris won the election. So, what comes next for Germany and the transatlantic partnership? And does it really matter who the president is? Many of the points of friction between Washington and Berlin during the last four years were not new. Some issues might have been exacerbated by the Trump administration, but they existed during Barack Obama's time in office (and even earlier) – differences on trade, disagreements on defense spending, U.S. bipartisan opposition to Nord Stream II, divergent approaches to China, and many other matters. None of these issues, however, are impossible to solve. Even under a President Biden, things will not "snap back" to what they were. The German-American partnership is in need of repair – and this will require effort on both sides.

The election results, the COVID-19 pandemic, an acute economic crisis, and the calls for social and racial justice reveal deep social division in the United States. The increasing polarization in the United States directly affects Germany. Needing to focus on issues at home, the United States can no longer - and in some cases does not want to - assume the global leadership role that is important to Germany. As a result, Germany must assume more responsibility in Europe, not only by taking on a greater leadership role, but also in recognizing and addressing concerns raised by its EU partners about German decisions impacting them such as Nord Stream II. Much of the current transatlantic tensions can be traced to burden-sharing and a long-standing U.S. desire for Germany to fulfill its role as a global leader. Germany must make a much greater investment both directly in the transatlantic relationship and indirectly in cooperation on common challenges.

In light of the domestic priorities facing the new administration and America's role in the world, Germany should represent its interests more actively and back them up with concrete initiatives. For instance, Germany's interest in security is primarily guaranteed by the U.S.-led NATO alliance. In addition, it works together with EU partners to strengthen European security structures. But this cannot simply be a matter of carrying forward past positions. Germany should gear its security policy to possible and probable challenges of the future – regardless of who the U.S. president is. Likewise on economic issues. The U.S. market is important for Germany's prosperity alongside the European domestic market. As the world's largest economy, the U.S. is an important economic partner, and a key driver of technological developments. Germany should work to strengthen institutions like the WTO to reduce conflict and ensure efficient and effective resolutions to trade differences.

In today's complex, volatile, and uncertain environment, the U.S. and Germany face common challenges. As the pandemic has shown many of today's challenges cannot be contained by national or geographic boundaries. Migration, terrorism, cyber security, digitalization, and climate change are just a few of the pressing issues that require joint action because they impact all of us. To tackle these challenges, both of our countries need allies – and Germany and the U.S. are indispensable partners in helping develop solutions to these complex challenges.

Despite our differences and as we adapt our relationship to address the challenges – and opportunities – of the 21st century, our two countries continue to share similar values that serve as the core principles of our societies – democratic systems of government in the form of federal republics, respect for the rights of the individual, and a commitment to the rule of law. In an era in which countries like Russia and China continually defy these principles, this common worldview is the glue that keeps our alliance and our nations strong. U.S. administrations will take different positions, but our alliance based on mutual understanding, respect, and (ultimately) cooperation will endure because of the shared values and close personal, social, business, and cultural ties that have been forged over the past 70 years.

Dr. Steven E. Sokol is President of the American Council on Germany. He has more than 25 years of experience working on domestic and foreign policy issues with nonprofit organizations in Europe and the United States, including the World Affairs Council of Pittsburgh, the Aspen Institute Berlin, the Bonn International Center for Conversion GmbH, the German Marshall Fund of the United States, and the International City/County Management Association.

AmerikaHaus NRW e.V.
Apostelnstraße 14-18
50667 Köln

Telefon: +49 221 – 169 26 350
Fax: +49 221 – 169 26 308

E-Mail: *info@amerikahaus-nrw.de*
Web: *amerikahaus-nrw.de*

Instagram: amerikahausnrw
Facebook: AmerikaHaus NRW e.V.

Diese Publikation wurde
gefördert durch das Auswärtige Amt

Auswärtiges Amt

Aufnehmen

Ein verheißenes Land

Kurz nach den US-Präsidentschaftswahlen im November ist wohl eines der wichtigsten Sachbücher des Jahres 2020 erschienen: „Ein verheißenes Land“, die Erinnerungen von Barack Obama. Auf 1024 Seiten schildert der 44. Präsident der USA seinen Aufstieg – von der Jugend auf Hawaii zum mächtigsten Mann der Welt. Erstaunlich emotional beschreibt Obama viele Momente seiner Amtszeit. „Es ist eine sehr selbstkritische und keine selbstgerechte Biografie“, lobt der Grünen-Politiker Jürgen Trittin in DeutschlandRadio Kultur den ersten von zwei geplanten Bänden.

Barack Obama: Ein verheißenes Land (A Promised Land)
Verlag: Penguin
1. Auflage 2020
Hardcover, 1024 Seiten
Preis: 42,00 EUR
ISBN: 978-3328600626

Atlas der Reiselust USA

Allein schon auf die Anmutung weckt die Leselust: Der „Atlas der Reiselust USA“ kommt im beeindruckenden Format, größer als DIN A4, und mit einem Gewicht von 2,5 Kilogramm daher. Von den Nationalparks bis zum Junkfood greifen die Autoren zahlreiche Facetten Amerikas auf: Touristische Tipps wechseln sich mit lesenswerten Abschnitten zu Kultur und Lifestyle ab. Aufbereitet werden die mehr als 75 Themen in einer äußerst ansprechenden Form.

Atlas der Reiselust USA – Inspiration für ein ganzes Leben
Verlag: DuMont Reiseverlag
1. Auflage 2020
Hardcover, 384 Seiten
Preis: 39,90 EUR
ISBN: 978-3-7701-8868-0

Land oder Leben

Wer träumt nicht vom Leben im Land der unbegrenzten Möglichkeiten? Claudia Heuermann, Mutter zweier Kinder, zieht den Plan gemeinsam mit ihrem Lebenspartner durch und zieht nach New York State. Erstaunlich offen berichtet sie in „Land oder Leben“ vom Hochgefühl beim Umzug, Hoffnungen und Ängsten sowie dem neuen Leben. Doch dann nimmt das Leben in der Natur, einige Autostunden nordwestlich von Manhattan, eine unerwartete Wende. Wer vom Auswandern träumt, sollte das Buch unbedingt lesen!

Claudia Heuermann: Land oder Leben – Wie der Traum von einer Farm in der amerikanischen Wildnis endete
Verlag: CONBOOK
1. Auflage 2020
Taschenbuch, 282 Seiten
Preis: 14,95 EUR
ISBN: 978-3-95889-367-2

USA 151

Ob All-Way Stop, BYOB oder Ice Fishing: Die USA sind immer wieder für eine Überraschung gut. Für Einsteiger wie Kenner gleichermaßen informativ und unterhaltsam ist das neu erschienene Werk „USA 151“. In genau so vielen kurzweiligen Kapiteln beleuchten die beiden Autoren den amerikanischen Alltag. Daher erfahren die Leser in einem Mix aus Kulturführer und Bildband viel Wissenswertes. So klärt sich schnell auf, wie sich Autofahrer bei einem All-Way Stop zu verhalten haben und dass man in einem Restaurant mit BYOB sein eigenes Bier mitbringen muss.

Petrina Engelke & Kai Blum: USA 151 – Das Land der unbegrenzten Überraschungen in 151 Momentaufnahmen
Verlag: CONBOOK
1. Auflage 2020
Taschenbuch, 286 Seiten
Preis: 16,95 EUR
ISBN: 978-3-95889-324-5

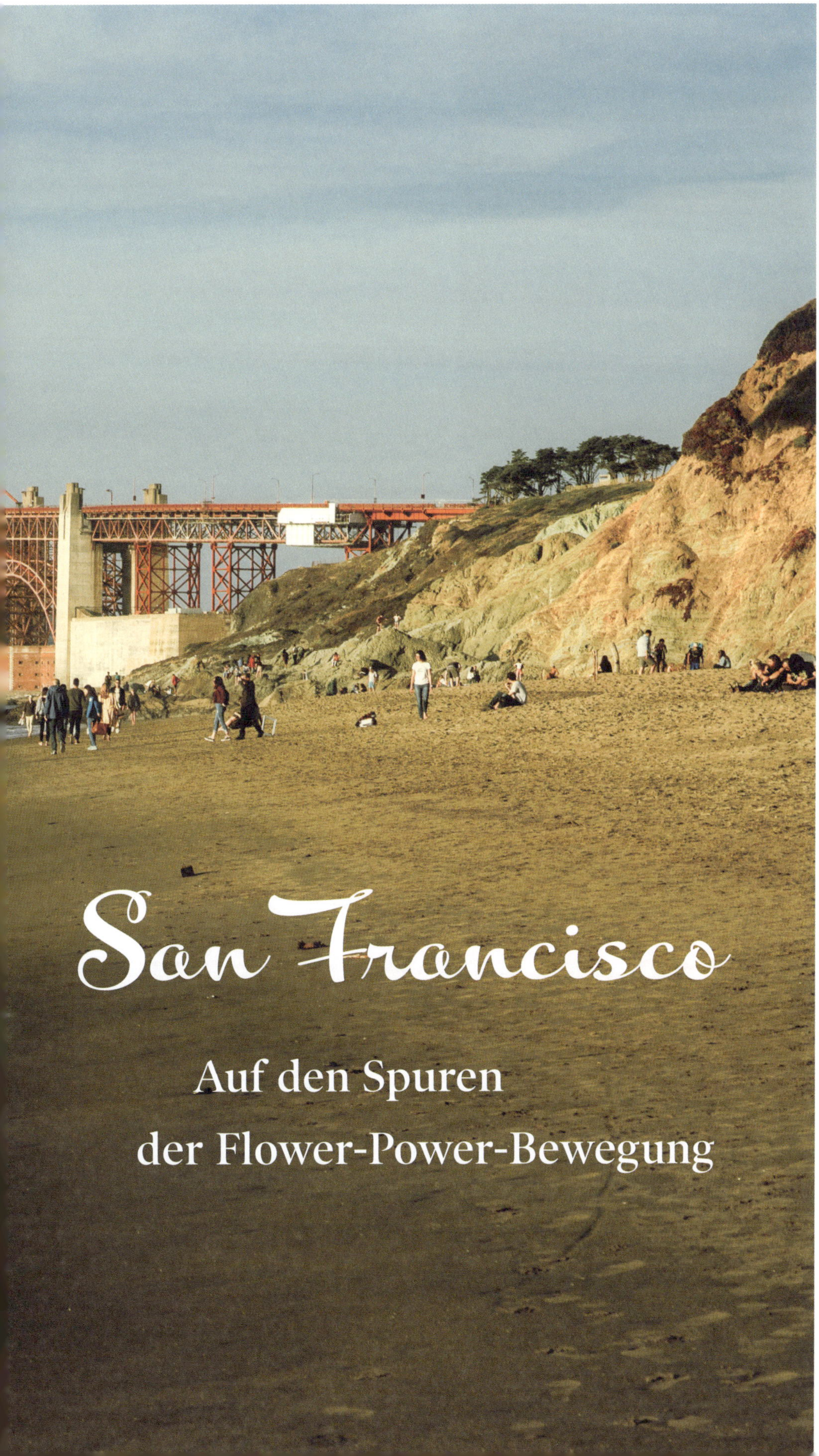

San Francisco

Auf den Spuren der Flower-Power-Bewegung

1970 verstarben die Flower-Power-Ikonen Janis Joplin und Jimi Hendrix. In San Francisco wird ihr Erbe aus der Blütezeit der Hippie-Kultur lebendig.

Touristen-Hippies
in der Ashbury Street

Wie ein Magnet zieht Haight Ashbury in jedem Sommer tausende von Touristen an. Kein anderer Stadtteil von San Francisco ist so vom Mythos der Flower-Power-Bewegung geprägt wie die Gegend an der Haight und der Ashbury Street, nur wenige Meter vom Golden Gate Park entfernt.

Warum hat sich gerade Haight Ashbury so tief in das Gedächtnis der Menschen aus aller Welt eingeprägt? Wer eine Erklärung für dieses Phänomen sucht, ist auf der sogenannten Haight Ashbury Flower Power Walking Tour genau richtig. Authentischer als mit den Guides Pam oder Stan können heutige Besucher die Geschichte der Blumenkinder kaum erkunden. Vor den Wohnhäusern der Flower-Power-Ikonen Janis Joplin und Jimi Hendrix wird die Zeit wieder lebendig, in der von hier aus eine neue Lebensphilosophie die Welt eroberte.

Zeitreise ins Jahr 1967

Der Treffpunkt für die Tour liegt gegenüber dem ehrwürdigen Stanyan Hotel mit Sicht auf den Golden Gate Park. Spannung mischt sich bei den Gästen mit Ehrfurcht, wenn der Tourguide mit sonorer Stimme verkündet, dass dies der Platz sei, an dem 1967 alles seinen Anfang nahm.

Pam Brennan ist Veranstalterin der zeitgeschichtlichen Fuß-Tour, die sie gemeinsam mit ihrer Freundin Suzi Interlandi, kurz Izu, vor 15 Jahren entwickelte. Schon nach kurzer Zeit erlangten die Beiden damit einen Kultstatus. Izu war noch dabei, als im Jahr 1966 etwa 1000 gleichgesinnte Jugendliche in Haight Ashbury eine neue Heimat fanden, die gemeinsam gegen den Krieg in Vietnam rebellierten, von der Heuchelei sexueller Keuschheit und vom damals noch immer tief verwurzel-

Schrille Hippie-Kleidung
gibt es noch immer in
den Boutiquen.

Familientag im Golden Gate Park

ten Rassismus in den Vereinigten Staaten genug hatten. Es war die Geburtsstunde der Flower-Power-Bewegung. „Wir stellten so ziemlich alles infrage, was uns von Staat und Gesellschaft als Lebensnorm vorgegeben wurde. Wir philosophierten, musizierten, rauchten Marihuana, praktizierten freie Liebe, teilten so ziemlich alles und lebten in Kommunen zusammen", reflektieren die noch ansässigen Hippie-Veteranen.

Erinnerungen

Teile Haight Ashburys gleichen heute einem für Touristen drapierten Flower-Power-Freilichtmuseum. In kleinen Boutiquen hängen Hippie-Klamotten. Zweite-Hand-, Kunstgewerbe-, Wasserpfeifen- und Gitarrenläden konkurrieren mit Edelshops und Gourmet-Restaurants um die Gunst der Kunden. Wie ein Magnet zieht der Golden Gate Park sowohl Touristen wie auch Anwohner an. 1967 versammelten sich hier 30.000 Jugendliche aus ganz Nordamerika rund um den Hippie Hill. Im Park spielten Jefferson Starship, Janis Joplin, Jimi Hendrix und The Grateful Dead.

Für die jungen Leute stellten der Golden Gate Park und das von alten viktorianischen Holzhäusern geprägte Wohnviertel Haight Ashbury damals eine ideale Symbiose dar: „Die Mieten waren günstig und es gab genug Platz", sagt Pam und kramt ein paar alte Fotos hervor. Vor der Nummer 710 in der Ashbury Street bleibt sie stehen: „Hier wohnten die Grateful Dead von 1966 bis 1968". Pam erinnert sich, wie die Augen ihrer Freundin Izu stets zu leuchten begannen, wenn sie ihre Erlebnisse mit der bekannten Band wie einen Film vor ihren Augen ablaufen ließ: „Ihr Haus war stets für alle geöffnet und für jeden Besucher gab es gratis Essen sowie Unterkunft. Es lag auch immer etwas Marihuana herum."

Izu mit einem Foto der Grateful Dead vor deren einstigem Wohnhaus

Blick vom Leuchtturm in Point Arena

Häuser der Stars

Janis Joplin, der man eine Liaison mit dem Keyborder der Gruppe, Ron McKernan, nachsagt, ging bei den Grateful Dead ein und aus. 1967 zog sie dann ein paar Häuser weiter in die Nummer 635 ein und startete eine steile Karriere als Königin des weißen Bluesrocks, als sie sich mit der Band Big Brother and the Holding Company zusammentat. „Janis stellte das konventionelle Frauenbild infrage und provozierte mit ihrem völlig unkommerziellen Musikstil. Den großen Durchbruch brachte ihr Auftritt auf dem Monterey Pop-Festival im Juni 1967", erinnert sich Pam. Plötzlich stand sie auf einer Bühne mit bekannten Bands wie The Who oder Simon & Garfunkel. Rund 80.000 Menschen besuchten das musikalische Highlight der Flower-Power-Kultur in dem 200 Kilometer südlich von San Francisco gelegenen Ort. Das Motto des Konzerts, „Love, flowers and music" wurde zum Gründungsmythos der Hippie-Bewegung. Tausende Besucher trugen die Botschaft eines neuen Lebensinhalts in alle Teile Amerikas. Sinnbild und Epizentrum dieser Bewegung aber wurde der Stadtteil Haight Ashbury.

Auch für Jimi Hendrix brachte Monterey den Durchbruch in den USA. Geadelt von Stones-Musiker Brian Jones, der ihn als „aufregendsten Gitarristen, den ich je gehört habe" ankündigte, faszinierte Hendrix das Publikum mit seinem virtuosen Gitarrensound. Mit dem Verbrennen seiner Gitarre prägte er sich nachhaltig in das kollektive Gedächtnis ein. Hendrix` temporäres Wohnhaus in der Haight Street 1524A ist heute für Passanten nicht zu übersehen. Zierten noch bis vor kurzem überdimensionale Portraitmalereien mit seinem Konterfei die Außenfassaden des Hauses, so ehrt es heute in knalligem Rot den legendären Künstler, der ihm mit seinem Song „Red House" ein musikalisches Denkmal setzte.

Am nahen Hippie Hill im Golden Gate Park und im angrenzenden Panhandle traten Janis Joplin und Jimi Hendrix mehrfach mit anderen Bands ohne Gage, aus reiner Freude an experimenteller Musik mit Gleichgesinnten, auf. Doch der Sommer der Liebe brachte 1967 die Wende. Immer mehr Jugendliche strömten nach Haight Ashbury, nachdem Scott McKenzies Song

Michael Juhran

Michael Juhran ist als Reisejournalist und Mitautor von Büchern tätig. Er lebt in Königs Wusterhausen bei Berlin.

„San Francisco“ die Charts stürmte. Darunter kommerzielle Dealer mit immer härteren Drogen und Kriminelle sowie Mitläufer, die mit der ursprünglichen Hippie-Idee nicht das Geringste gemein hatten.

Mehr über diese Zeit erfährt der Besucher im „Museum of Psychedelic Art and History“ (Museum für bewusstseinserweiternde Kunst und Geschichte), das den Abschluss der Walking Tour bildet. Ein Zitat des Aktivisten Abbie Hoffman zieht eine positive Bilanz der Hippie-Kultur: „Wir ... beendeten die juristische Rassentrennung. Wir haben es nicht akzeptiert, dass man eine halbe Million Menschen rund um den Erdball herum schickt, um einen Krieg zu führen, den die Menschen nicht wollen. Wir haben auch mit der Auffassung aufgeräumt, dass Frauen Menschen zweiter Klasse sind. Und wir haben die Umwelt zu einem Thema gemacht.“

Flucht aufs Land

Viele Hippies verließen San Francisco nach dem Sommer der Liebe und gründeten kleine Kommunen – so auch Mitch Mc Farland, der sich mit Gleichgesinnten in Point Arena niederließ. Der winzige Ort liegt direkt am Highway 1, einer der schönsten Panoramastraßen Nordamerikas, etwa 200 Kilometer nördlich von San Francisco. Abseits der Großstadt begannen Mitch und seine Freunde hier ihre Träume von einer besseren, gerechteren Welt zu verwirklichen. „Nicht alles ging glatt“, sagt Mitch, „aber wir haben viel von dem erreicht, das wir uns vorgenommen hatten.“ Wo sonst in der Welt gibt es wohl eine 449-Seelen-Gemeinde mit drei High-Schools, einem Kinotheater, einer Bibliothek und einem medizinischen Zentrum. Mitch berichtet nicht ohne Stolz, dass all diese Einrichtungen durch Arbeitseinsätze und Spenden der Bürger entstanden sind. Die Küste und der nahe gelegene Leuchtturm sind heute ein Surfer- und Touristenparadies.

Eine knappe Autostunde nördlich liegt das einstige Hippie-Mekka Mendocino, in dem sich Künstler aller Couleur niedergelassen haben. Mitch ist überzeugt, die rechte Entscheidung getroffen zu haben. „Bei uns ist der kommunale Gemeinschaftsgeist noch immer lebendig.“

visitcalifornia.com/de
sanfrancisco.travel

UNTERKUNFT
Stanyan Park Hotel: Zimmer im viktorianischen Stil, Flughafenshuttle möglich, gute Bahn- und Busanbindung, DZ ab 160 USD; 750 Stanyan St, San Francisco, CA 94117, *stanyanpark.com*

AKTIVITÄTEN
Haight Ashbury Flower Power Walking Tour: Treffpunkt: Stanyan Street & Waller Street, San Francisco, 20 USD pro Person; *haightashburytour.com*

Surfer am Pier von Huntington Beach

Der Strand schimmert im späten Licht golden und scheint kein Ende zu nehmen, mittendrin ragt ein Pier weit hinaus. Im vergleichsweise warmen Pazifik warten dutzende Surfer auf die perfekte Welle. Huntington Beach macht seinem Ruf als „Surf City, USA" alle Ehre – und ist zugleich der beste Beweis, dass das Orange County, südlich von Los Angeles, mehr als die Vergnügungsparks rund um Anaheim zu bieten hat.

Surfen für jedermann

Der 560 Meter lange Pier ist so etwas wie das natürliche Zentrum des 200.000 Einwohner zählenden Huntington Beach mit seinem 16 Kilometer langen Strand. Wen es nicht aufs Brett zieht, der flaniert auf der einladenden Promenade oder greift zum Ball beim Beach Volleyball. Und nicht nur für Surf-Freaks ein Muss: ein Besuch im Huntington Beach International Surfing Museum, nur wenige Minuten vom Pier entfernt und mitten in dem schmucken Ort gelegen. Nicht nur das größte

Auch zum Jahreswechsel Strandfeeling pur: Newport Beach

Surfbrett der Welt erinnert an die Surf-Ikonen George Freeth und Duke Kahanamoku, die hier im frühen 20. Jahrhundert gesurft sind und die Euphorie entfacht haben. Wer jetzt erst Lust aufs Wellenreiten bekommen und noch keine Erfahrung hat, steuert am besten die Banzai Surf School weiter südlich an. Hier können Anfänger in Gruppen oder per Einzelunterricht erste Erfahrungen auf dem Brett sammeln.

Wahlheimat von Fußballstar Jürgen Klinsmann

Kaliforniens legendärer Highway 1 führt zum nächsten Traumstand einige Kilometer weiter südlich: Newport Beach. Auch hier dominieren Surfer und lange Piers – aber durch die Lage des Strands auf der Halbinsel Balboa Peninsula alles gefühlt ein wenig ruhiger und gemütlicher als in Huntington Beach. Mit den Geschäften, die Badeutensilien und mehr verkaufen, sowie den kleinen Cafés und Restaurants geht es vergleichsweise familiär zu. Und das, obwohl hier in Newport Beach – wie überall im Orange County – das milde Wetter und die entspannte Atmosphäre die Superstars anzieht und die Immobilienpreise in die Höhe treibt. Im nahen Yachthafen soll Schauspieler Nicholas Cage 25 Millionen Dollar für ein Strandhaus bezahlt haben. Auch ein bekannter Deutscher hat sich hier gemeinsam mit Ehefrau Debbie angeblich niedergelassen: Fußballweltmeister und Ex-Bundestrainer Jürgen Klinsmann – angesichts seine Rufs als Sunnyboy wenig überraschend! Ungeachtet des Reichtums schlendern Urlauber wie Einheimische gemütlich durch den schmucken Ort samt kleinem Vergnügungspark und der pittoresken Fähre nach Balboa Island.

Huntington Beach gilt auch als „Surf City, USA"

Perfekt für einsame Strandspaziergänge: Crystal Cove State Park

Durch die Dünen

Als nächster Stopp bietet sich der Crystal Cove State Park an: Hier zeigt sich der Pazifik von seiner raueren Seite, während sich der Strand als wilde Schönheit präsentiert – mit kleinen Dünen und schroffen Klippen. Ein schöner Platz zum Relaxen im Vergleich zum eher mondänen Newport Beach.

Von dort ist es nicht mehr weit nach Laguna Beach, einem charmanten Mix aus Küstenort und Künstlerstädtchen. Seit dem frühen 20. Jahrhundert haben sich in gefühlter Sichtweite malerischer Strände viele Künstler angesiedelt. Bis heute finden sich in der Innenstadt zahlreiche Galerien.

Yachthafen von Dana Point

Streifzug durch die Geschichte

Ein paar Kilometer abseits lohnt die Mission San Juan Capistrano einen Abstecher von den Stränden: Sie wurde 1776 von spanischen Missionaren des Franziskanerordens gegründet und im Kolonialbarockstil errichtet. Zwar wurde die Mission, eine von insgesamt 21 historischen Missionen in Kalifornien, durch ein Erdbeben im Dezember 1812 schwer beschädigt. Gleichwohl erleben Besucher der teils restaurierten Überreste eine beeindruckende Zeitreise, gleiches gilt auch für den historischen Kern von San Juan Capistrano selbst.

Abschluss am Strand

Ein Tag im Orange County klingt natürlich am besten am Strand aus. Eine ruhige Alternative zu den beliebten Piers in Huntington und Newport Beach ist das Örtchen Dana Point mit seinem schmucken Yachthafen und dem etwas windgeschützten Doherty State Beach. Und abseits der ausgetretenen Pfade lockt weiter südlich der San Clemente State Beach.

visitcalifornia.com/de/region/orange-county-entdecken

ANREISE
Los Angeles und San Diego sowie der John Wayne Airport in Santa Ana sind die nächstgelegenen Flughäfen. Vor Ort am besten mit Mietwagen weiter.

BESTE REISEZEIT
Im Mai und Juni türmen sich zuweilen die Wolken, so dass es sich eher wie an der Nordsee anfühlt – dafür im Dezember aber warm genug zum Baden.

UNTERKUNFT
Im Orange County können Reisende unter einer Vielzahl von Unterkünften wählen – vom Campingplatz in den Dünen des San Clemente State Beach (*parks.ca.gov/?page_id=646*) bis zum mondänen Ritz Carlton Laguna Niguel (*ritzcarlton.com/de/hotels/california/laguna-niguel/hotel-overview*) direkt am Pazifik.

ESSEN & TRINKEN
Ruby's Diner: Typisch amerikanische Küche mit Blick auf Pazifik und Strand; 1 Balboa Pier, Newport Beach, CA 92661, *rubys.com/locations/balboa-pier*

Chart House: Fischgerichte und Meeresfrüchte; 34442 Street of the Green Lantern, Dana Point, CA 92629, *chart-house.com/location/chart-house-dana-point-ca*

AKTIVITÄTEN
International Surfing Museum: Einblick in die Welt des Surfsports; 411 Olive Ave, Huntington Beach, CA 92648, huntingtonbeachsurfingmuseum.org

Banzai Surf School: Bietet Kurse und verleiht Surfequipment; 22355 Pacific Coast Hwy, Huntington Beach, CA 92646, banzaisurfschool.com

Mission San Juan Capistrano: Mächtige spanische Mission von 1776; 26801 Ortega Hwy, San Juan Capistrano, CA 92675, missionsjc.com

Magisch: Schneebedeckte „Hoodoos" im Bryce Canyon National Park

Schon gewusst? In Utah wächst der schwerste Baum der Welt, „Pando" genannt. Der Great Salt Lake färbt sich teilweise Pink. Die Bauzeit des Salt Lake Temple hat 40 Jahre gedauert. Utah ist Amerikas Film-Set: Mehr als 1.000 Blockbuster und TV-Serien wie beispielsweise „Forrest Gump", „Thelma & Louise" oder „Mission Impossible II" wurden zwischen imposanten Red Rocks gedreht. Und, „Utahns" lieben „Jell-O": Die Metropole Salt Lake City verzeichnet den größten Verbrauch der grünen Götterspeise pro Einwohner in den gesamten USA.

Verblüffend, oder? Und es geht noch weiter: „The Mighty 5®" Nationalparks mit Arches, Canyonlands, Capitol Reef, Bryce Canyon und Zion, 9 Nationale Monumente, 15 Skigebiete mit dem „Greatest Snow on Earth®", 18 Dark Sky Parks und Orte, 44 State Parks sowie tausende Meilen Scenic Byways & Backways.

Abseits und dazwischen überzeugen phänomenale Leere und Weite sowie dramatische Szenerien, die wie von einem anderen Planeten scheinen: Der „Beehive State" mit seinen knapp 3,18 Millionen Einwohnern, zwei Drittel der Fläche Deutschlands und ein Fünftel der Schweiz, ist so vielseitig – das perfekte Reiseziel für einen wirklich unvergesslichen US-Roadtrip. Zu jeder Jahreszeit. Ganz gleich, ob Newcomer oder erfahrener Südwestler, Naturliebhaber oder Hobby-Fotograf, Pistenstürmer, Wanderer oder Adrenalin-Suchender. Vorausgesetzt, Reisen über den Atlantik sind wieder möglich – sicher, gesund und so erlebnisreich wie gewohnt. Und bis es „Rocks & Roll in Utah" heißt, lautet das Credo: Inspirationen sammeln und vom Fernweh anstecken lassen.

The Greatest Snow on Earth ®

… steht nicht nur auf Utahs Autokennzeichen, sondern ist fundierte Wissenschaft: Der Powder ist weltweit unübertroffen trocken, flockig und federleicht, sodass sich nicht einmal ein Schneeball daraus formen lässt. Darüber hinaus fallen pro Saison durchschnittlich 13 bis 14 Meter des feinen Pulverschnees an, 2018/2019 waren es sogar 18 Meter. Der 13. Januar gilt statistisch als der Golden Winter Day mit dem meisten Schneefall. Allein 10 der 15 Skigebiete, idyllisch gelegen zwischen den beiden Gebirgsketten Wasatch und Uinta Mountains, sind bereits in einer Autostunde vom hochmodern umgebauten NEW Salt Lake City International Airport zu erreichen, 4 davon sogar bequem mit öffentlichen Verkehrsmitteln ab der Hauptstadt. Auch ihre Nähe zueinander macht Utah als Wintersportziel noch attraktiver. Kurze Wege bedeutet schließlich: Mehr Zeit auf der Piste – oder wie die „Utahns“ sagen würden „More Mountain Time!“

Für gewöhnlich starten Utahs Skigebiete ab Ende November bzw. Mitte Dezember in die Saison bis weit in den März oder sogar April hinein. Powder Mountain und Park City Mountain gelten als die größten Reviere der USA, das Deer Valley Resort zählt mit zu den glamourösesten Skiorten der Welt. Hier jagte auch schon Jochen Schweizer bei NASTAR die Pisten hinab, zusammen mit der amerikanischen Olympionikin Heidi Voelker, die seit ihrem Karriereende als Deer Valley Resort's Ambassador of Skiing tätig ist. Auf der Bucketlist darf auch auf keinen Fall das vor mehr als 50 Jahren von Robert Redford gegründete Skigebiet Sundance Mountain Resort fehlen.

Wer gleich 6 Skigebiete an einem Tag erleben möchte, sollte sich die Interconnect Adventure Tour nicht entgehen lassen. Weiteres Highlight: Ein rund 182 Meter langer Tunnel verbindet die beiden Skigebiete Alta und Snowbird miteinander. Übrigens, vom Brian Head Resort aus, Utahs einzigem Skigebiet im Süden, schauen Skifahrer bei Abfahrten gleichzeitig auf das orangefarbene Cedar Breaks National Monument.

Auch abseits der Pisten kommen Winterurlauber auf ihre Kosten: In Park Citys uriger High West Distillery können sie direkt von der Piste aus, getreu Ski-In & Ski-Out, einkehren. An Tagen ohne Bretter unter den Füßen lohnt sich in dem ehemaligen, von pastellfarbenen Holzhäusern gesäumten Gold- und Silberminenstädtchen ein Bummel auf der Main Street mit Saloons, Galerien, Cafés und Restaurants. Im ganzjährig geöffneten In- und Outdoor-Paradies Woodward Park City sind viele weitere Action-Sportarten möglich. Biathlon bietet sich im olympischen Soldier Hollow an, nur ein paar Schritte weiter lockt rasantes Snowtubing. Aber auch für Tree- und Catskiing sowie Schneemobil-Touren und Schneeschuhwandern ist Utah empfehlenswert. In Midway im Heber Valley dagegen faszinieren die Ice Castles – eine illuminierte, kunstvoll geschnitzte Eislandschaft für Groß und Klein. Oder wie wär's mit Wellness in einer der geothermalen Quellen oder im hoteleigenen Hot Tub am Abend? Cinetastisches Event-Highlight jedes Jahr Ende Januar in Park City: das renommierte Sundance Film Festival mit aufstrebenden Talenten, Regisseuren und Prominenz aus dem Film- und Showbusiness auf dem roten Teppich.

LIFE UTAH ELEVATED

Delicate Arch: Im Winter fast noch ein Geheimtipp

Natur und Abenteuer pur: Bootstour im Fishlake National Forest.

Von Wildblumenpracht bis Indian Summer

Wer Utah im Frühling, Sommer und Herbst besucht, darf sich auf gewaltige Natur freuen, die wiederum ihresgleichen sucht – und nur darauf wartet, erobert zu werden. Ganz gleich, ob beim Wandern, MTB, über oder unter Wasser: Sattgrüne Wiesen, Wildblumen in unendlicher Pracht, erfrischende Naturseen und Flüsse wetteifern mit leuchtenden Felsen, kargen Wüsten und schroffen Schluchten. Allen voran stehen Utahs 5 Nationalparks, jeder fasziniert auf seine eigene Art mit einem riesigen Angebot für das Entdeckerherz.

Der Arches National Park zählt über 2000 Steinbögen, angeführt mit dem ikonischen 14 Meter hohen Delicate Arch. Pendant dazu ist der 25 Meter breite Mesa Arch, das Aushängeschild im Canyonlands. Capitol Reef dagegen ist ein Juwel aus Sandsteinklippen und Felsen, getreu des Namens: „Capitol" steht für die White Domes des Navajo-Sandsteins, „Reef" für die Klippen, die einem Korallenriff unter Wasser ähneln. Im Bryce Canyon raubt der Blick in das steinerne Amphitheater den Atem. Die Felssäulen, „Hoodoos" genannt, tragen fantasievolle Namen wie „Thor's Hammer". Ein Muss im Zion ist eine Wanderung durch die „Narrows", ein Flussbett des Virgin River mit teilweise hunderte Meter steil aufragenden Felswänden. Für Wagemutige bietet sich eine Wanderung auf die Spitze von „Angels Landing" an.

Höhepunkt im Herbst ist der Indian Summer mit prächtigem Leaf-Peeping im Logan Canyon, Big Cottonwood Canyon oder Dixie National Forest. Einfach immer wieder die Highways verlassen und rauf auf die Panoramastraßen. Konkurrenzlos eindrucksvoll ist die All-American-Road, auch bekannt als Scenic Byway 12.

Nicht ohne Grund sind Utahs Nationalparks majestätisch, aber auch die vielen wundersamen Orte dazwischen gehören auf jede Route. Ob das Grand Staircase-Escalante National Monument, der

Tipp für die Nationalparks

Auch die „The Mighty 5®" sind im Winter geöffnet. Erst Skifahren im Norden, danach majestätisches Nationalpark-Hopping im Süden. Vorteil: In der Nebensaison sind die Straßen leerer, die Unterkünfte vielerorts günstiger, und es gibt keine Wartezeiten – dafür aber unglaubliche Farbkontraste und mildere Temperaturen. Schon beim Besuch von drei Parks lohnt sich der Kauf des „America the Beautiful Pass", der pro PKW für alle Nationalparks der USA ein Jahr gültig ist.

Unvergesslicher Sonnenaufgang im Cedar Breaks National Monument

koboldartige Goblin Valley State Park, der nach dem Farbfilm der Firma benannte Kodachrome Basin State Park, der Snow Canyon State Park als beliebte Kulisse für Katy Perrys Musikvideo „Rise", erfrischende Wasserfälle wie die Lower Calf Creek Falls oder Cascade Falls, die geheimnisvollen Slot Canyons Peek-A-Boo sowie Buckskin Gulch und vieles mehr: Utah ist das Land der imposanten Naturwunder.

Ein Fest für die Sinne ist Stargazing, der Blick auf den nächtlichen Sternenhimmel und die Milchstraße. In Utah erleben Reisende das ganz besonders ausgezeichnet in den offiziell zertifizierten Dark Sky Parks – Orte mit ausgeprägt geringer Lichtverschmutzung. Allein 18 erstrecken sich von Nord nach Süd, darunter 4 Nationalparks und viele State Parks. Daher gehört Glamping, wahlweise in einer Jurte, im Tipi und Pionier-Siedlerwagen oder in einem Wohnmobil auf einem Campingplatz, unbedingt zu jedem Urlaub dazu.

Wer einmal dem Zauber des 45. Bundesstaates verfallen ist, kommt auf jeden Fall wieder. Und garantiert ist: Es gibt immer wieder Neues zu entdecken!

Einer von 44 State Parks in Utah: Goblin Valley State Park

Utah bei Nacht: Milchstraße über dem Cathedral Valley im Capitol Reef National Park

visitutah.com/de

MUST-SEE IN NORTHERN UTAH

- Ski- und Snowboard in den 15 Skigebieten
- Salt Lake City mit dem Salt Lake Temple und Temple Square
- Great Salt Lake & Land Art-Skulptur „Spiral Jetty"
- Bison-Watching auf der Halbinsel Antelope Island State Park
- Salzwüste Bonneville Salt Flats
- Himbeer-Shake in Garden City am türkisblauen Bear Lake
- Big Picture über der Flaming Gorge Recreation Area
- Auf den Spuren der Dinosaurier im Red Fleet State Park und Dinosaur National Monument bei Vernal
- Yellowstone Loop: Utahs Norden entdecken mit einer Schleife zum Yellowstone National Park in Idaho und Wyoming

MUST-SEE IN SOUTHERN UTAH

- 5 Nationalparks: Arches, Canyonlands, Capitol Reef, Bryce Canyon und Zion
- Rafting, SUP oder Kanufahren auf dem Colorado River und Green River
- Besuch des Monument Valley mit seinen indigenen Einwohnern
- Kobolde jagen im Goblin Valley State Park oder San Rafael Swell
- Wüstenabenteuer im Coral Pink Sand Dunes State Park
- Städte-Hopping: Moab, St. George, Cedar City und Kanab
- Baden im Sand Hollow State Park und Lake Powell

360° ENTDECKER-TIPP

Utah von klassisch bis off-the-beaten-path gibt es im Reiseführer Utah TravelGuide – erhältlich im Verlags-Shop.

360° USA – Utah TravelGuide Nationalparks, Red Rocks und viele weitere Abenteuer
360° medien, 2020
Taschenbuch, 230 Seiten
Preis: 14,95 EUR
ISBN: 978-3-96855-002-2

Montana

Lederleggings und Holzfällerhemden – entlang der Rockies

Entlang der Rockies durch Montana nach Süden

Dickhornschafe auf der Passhöhe des Logan Pass

Früh am Morgen herrscht noch Stille auf dem See. Hin und wieder leises Gluckern, wenn das Paddel der Kanuten ins Wasser taucht. Nur wenige Boote sind unterwegs. Sie wollen alle das Gleiche: Das Innehalten in der Natur genießen, bevor ringsum das Leben erwacht. Im Sturzflug taucht ein Fischadler ins Wasser. Der Fisch in seinen Fängen zappelt noch, als der Vogel sich auf einem Baum niederlässt, um seine Beute zu verzehren. Es gibt sie noch diese unvergesslichen Momente. Gerade im Herbst zeigt sich der Glacier National Park in Montana von seiner ruhigen Seite.

Stiller Nationalpark

Bequeme Bergschuhe, pflegeleichte Oberbekleidung, wasserdichte Überjacken: In West Glacier gibt es alles, was der Bergwanderer an Ausrüstung benötigt. Für die Weiterreisenden gilt es, eine Entscheidung zu treffen: Fahre ich über die abenteuerliche Straße namens „Going to the Sun Road" mit großartigen Ausblicken in den Glacier National Park oder eher die gemäßigte Strecke über den Marias Pass? Der wolkenlose Himmel hilft bei der Entscheidung für die Passstraße. Im Winter ist ohnehin nur der Marias Pass befahrbar, da selbst hochmotorisierte Schneepflüge die Schneemengen auf der anderen Strecke nicht beiseite schaffen können. Es geht vorbei am lang gezogenen, idyllisch gelegenen Saint Mary Lake, bevor im kleinen East Glacier Park Village die Nationalparkgrenze erreicht ist.

Trommeln erwachen zum Leben

Monotones Trommeln tönt den Anreisenden entgegen. „Haben Sie Alkohol im Fahrzeug?" Der Officer nimmt es genau und wirft einen Blick in das Wohnmobil. Er weiß um die fatalen Auswirkungen der Droge bei diesen Anlässen. Dann das Zeichen zur Weiterfahrt.

Traditionell gekleidete Indianer haben sich zu den North American Indian Days in Browning versammelt. Alte Gebräuche und Traditionen werden vor einem bunt gemischten Publikum zelebriert.

Am Ufer des Saint Mary Lake am Ostabhang der Rockies

Die Trommelgeräusche werden lauter. Vor mehreren Instrumenten sitzen Männer und spielen apathisch immer den gleichen Rhythmus. Keine Leder-Leggings, kein Federschmuck – stattdessen Jeans und karierte Holzfällerhemden. Die Männer gehören zum Stamm der Cree-Indianer. Gut vorstellbar, dass diese Art von Musik eine hypnotisierende Wirkung ausübt.

In der Halle hat sich eine Gruppe von Tänzern in Stellung gebracht. An ihnen lassen sich Lederhemden bestaunen, bestickt mit unzähligen Perlen. Kein Ohrenschmaus ist die Musik, zu der sie sich harmonisch im Takt bewegen. Andere Mitglieder des Stammes begleiten das Ganze mit hohen, kehligen Tönen. Angehörige der „First Nation", wie sich die Ureinwohner heute nennen,

finden nicht nur in Nordamerika angesichts vieler Fehler und Unverständnis der „Weißen" kaum Integrationsmöglichkeiten. Die Veranstaltung bietet ihnen alljährlich die Möglichkeit, ihre einstige Lebensweise wieder aufleben zu lassen.

Traditionell bekleidete Indianer bei den North American Indian Days in Browning

Helena: Mit Gold fing alles an

Der Name des viertgrößten Bundesstaates der USA mit der Hauptstadt Helena leitet sich aus dem spanischen Wort „Montaña" ab, was so viel wie „gebirgig" oder „bergig" bedeutet. Die Bezeichnung Big Sky Country kann wohl jeder bezeugen, der dort schon einmal unterwegs war. Nicht nur landschaftliche Kostbarkeiten, sondern auch reichlich Bodenschätze finden sich in diesem Teil der USA, was dem Bundesstaat den Spitznamen „Treasure State" einbrachte.

„Die Archie Bray Foundation müsst ihr unbedingt besuchen. Menschen aus aller Welt haben sich dort mit dem Werkstoff Ton versucht. Da kommen dann oft recht skurrile Sachen dabei heraus. Und natürlich das Montana State Capitol. Und eine Fahrt auf dem Missouri ist jedenfalls ein Muss!" Die Dame in der Tourist-Information schwärmt von ihrer Stadt. Und tatsächlich verdient die Hauptstadt Helena mit ihren nur 28.000 Einwohnern etwas Zeit.

Das Handels- und Verwaltungszentrum von Montana ist geprägt von Bergbau und Landwirtschaft. Ihre Entstehung verdankt sie ergiebigen Goldfunden, die zu einem wahren Goldrausch führten. Filme

Monika
Hamberger

Monika A. Hamberger ist Reisejournalistin mit Schwerpunkt Kanada. Nach einem fünfjährigen Kanadaaufenthalt hat sie eine umfassende Kenntnis von Land und Leuten. Sie schreibt in führenden Zeitungen zahllose Kanadareportagen und ist Textautorin unter anderem bei Baedeker.

Ein Wrangler holt das Pferd „Chocolate" aus dem Stall.

und viele Geschichten ranken sich um den Missouri. Auch die Pioniere Lewis und Clark nutzten diese Route, als sie einen möglichen Wasserweg vom Atlantik zum Pazifik suchten. Staudämme ermöglichen es heute, mit dem Wasser das Farmland zu bewässern und Elektrizität zu erzeugen.

Unterwegs auf der Ranch

Es ist heiß und windig. Ein buntes Schild am Straßenrand auf dem Weg zur Ranch lässt die Vorbeifahrenden anhalten: „Lewis and Clark Trail" ist darauf zu lesen. Der Weg ist den beiden Pionieren gewidmet und soll an die Erschließung des amerikanischen Westens erinnern. Präsident Thomas Jefferson beauftragte nämlich die beiden Herren Lewis und Clark, die Regionen jenseits des Mississippi zu erkunden.

„How are you? Wie geht es euch, hattet ihr eine gute Fahrt?" Mary, Wranglerin auf der 320 Ranch, begrüßt die neu Hinzugekommenen. Sie führt die Gäste zu einem eindrucksvollen Blockhäuschen. „Hier seid ihr für die nächsten Tage untergebracht. Macht es euch gemütlich. Nachher geht's zu den Ställen. Da zeige ich euch eure Begleiter für die Ausritte", meint sie lachend. Im Haupthaus ist bereits der Mittagstisch gerichtet. Kräftige Hausmannskost steht auf dem Speiseplan. Zum Auftakt wird ein sogenannter Wash kredenzt, ein alter Brauch in Montana: Whisky mit klarem Quellwasser. In kleinen Schüsseln liegt frisch gebutterter Toast und süßsauer eingelegte Gurken, während aus der großen Kasserole in der Mitte des Tisches Fleischstückchen in würziger Soße einen appetitlichen Duft verbreiten.

Dann heißt es: Treffpunkt am Coral. „Dein Pferd heißt Chocolate und ist sehr gutmütig. Probier' mal, ob die Steigbügel die richtige Länge haben." Ein schöner Name für das schokoladenbraune Quarter Horse. Mary nimmt es genau. Sie kontrolliert, ob der Sattelgurt richtig sitzt und erklärt, wie die Zügel zu halten sind. Dann setzt sich die Gruppe in Bewegung.

Rückkehr vom Ausritt auf der 320 Ranch

Es geht hinauf an die Baumgrenze, von wo aus der Blick Hunderte von Kilometern über Gipfel und Prärien Montanas schweift.

Später. Abendstille breitet sich aus. Hin und wieder ein Lachen aus den anderen Blockhäuschen, eine Gruppe sitzt schweigend ums Lagerfeuer, nur die Kojoten halten sich nicht an die Stille. Ihr Heulen ist bis nach Mitternacht zu hören.

visitmt.com
greatamericanwest.de

ANREISE
Montana lässt sich besonders bequem via Calgary in Kanada (mit Nonstopflügen von Condor oder Air Canada ab Frankfurt/Main) erreichen. Die Einreise in die USA ist mit einem kanadischen Mietwagen problemlos möglich. Alternativ bieten sich die US-Flughäfen Great Falls, Bozeman oder Denver an.

BESTE REISEZEIT
Juni bis September

UNTERKUNFT
Belton Chalet: Direkt in West Glacier neben dem Bahnhof, in der Saison spielen abends Country Music Bands, gutes Restaurant, DZ ab USD 214; 12575 US-2, West Glacier, MT 59936, *glacierparkcollection.com/lodging/belton-chalet*

Glacier Peaks Motel: Nur wenige Gehminuten vom Gelände der North American Indian Days, DZ ab 130 USD; 46 Museum Loop, Browning, MT 59417, *glacierpeakscasino.com/lodging*

La Quinta Inn & Suites: In fußläufiger Lage zu den meisten Attraktionen und Restaurant, Frühstück und Parkplätze inbegriffen, ab 99 USD; 701 Washington Street, Helena, MT 59601, *wyndhamhotels.com/laquinta/helena-montana/ la-quinta-helena/overview*

ESSEN & TRINKEN
The Belton Chalet Restaurant and Tap House: Gute amerikanische Küche in West Glacier, im historischen Restaurant des Hotels Belton Chalet; 12575 US-2, West Glacier, MT 59936, *glacierparkcollection.com/lodging/belton-chalet/dining*

Silver Star Steak Company: Gute Steaks in Helena; 833 Great Northern Blvd, Helena, MT 59601, *silversteakco.com*

AKTIVITÄTEN
Glacier National Park: Zahlreiche geführte Aktivitäten wie Bootsfahrten und Reitausflüge, Auskünfte im Besucherzentrum täglich bis 17 Uhr; West Glacier, MT 59936, *nps.gov/glac*

North American Indian Days: Eines des größten Feste dieser Art in Nordamerika, jährlich im Juli in Browning; *visitmt.com/things-to-do/events/2020-07/North-American-Indian-Days.html*

Archie Bray Foundation: Öffentliche, gemeinnützige Ausstellung für Keramikkunst; 2915 Country Club Ave, Helena, MT 59602, *archiebray.com, helenamt.com*

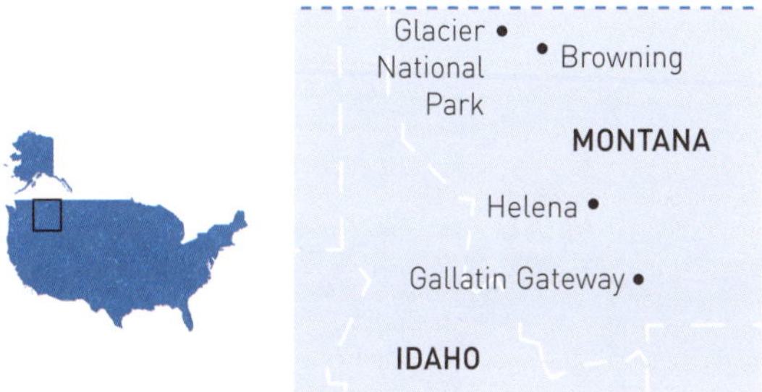

Paradise Coast

Perfekt für Kultur und Natur

Auf 48 Kilometern an Floridas Westküste dürfte wohl ein jeder Urlaubswunsch in Erfüllung gehen. Die Paradise Coast erstreckt sich von Naples über Marco Island bis in die Everglades City – und bietet so viel Abwechslung wie kaum eine andere Region: von einzigartigen Museen über Delfinbeobachtungen bis hin zur Kanutour durch die Mangroven. An drei bis vier Tagen können Reisende viel Kultur und Natur erleben.

Der Naples Botanical Garden umfasst mehr als 1000 Pflanzenarten.

Schlendern und Schauen in Naples

Natürlich ist das mondäne Naples für sein berühmtes Pier bekannt. Seit 1888 ist der Steg einer der Hauptanziehungspunkte. Tagsüber zieht es Besucher zum Sonnenbaden, Strandvergnügen und Schwimmen hier her, abends locken ein perfekter Sonnenuntergang und die Aussicht, Delfine zu beobachten. Doch Naples bietet weit mehr als herrliche Strände: Neben einem Bummel über die 5th Avenue oder 3rd Street locken zahlreiche Museen, beispielsweise The Baker Museum mit einer Dauerausstellung zum American Modernism sowie, speziell für Familien, das Golisano Children's Museum of Naples.

Wen es eher in die Natur zieht, wird schon direkt im Stadtgebiet fündig. Der Naples Botanical Garden bringt seine Besucher mit neun tropischen Themengärten zum Staunen. Für Naturliebhaber ist der Clam Pass Beach Park ebenso ein Muss: Zum natürlich belassenen Küstenabschnitt führt ein hölzener Steg durch den Mangrovenwald.

Natürlich lockt stets auch der Golf von Mexiko, etwa mit einer rasanten Fahrt im

Ferrari-roten Speedboat von JET ODIN. Deutlich ruhiger, dafür mit perfekter Aussicht, geht es an Bord der Naples Princess zu, die mehrfach täglich in Tin City ausläuft. Besonders beliebt sind die Fahrten zum Sonnenuntergang.

Airboat im Everglades National Park

Urlaubsfavorit Marco Island

Dank des entspannten Ambientes und der familienfreundlichen Strände überrascht es nicht, dass Marco Island vom Reisemagazin Conde Nast Traveller als drittbeste Insel der USA ausgezeichnet wurde. Doch wer es sich beispielsweise nur am Tigertail Beach – dem vielleicht schönsten Stand auf Marco Island – gemütlich macht, lässt sich viel entgehen.

Marco Island zählt zu den Ten Thousand Islands vor Floridas Küste. Damit ist die Region prädestiniert, vom Wasser aus erkundet zu werden. Direkt am Strand des subtropischen Badeparadieses starten beispielsweise Kajakfahrer oder Standup-Paddler – gern auch zum Sonnenuntergang. Ganz geruhsam erleben Muschelsucher das maritime und stets sonnige Paradies, wenn sie bei der sogenannten 10.000 Shelling Boat Tour an einem einsamen Strand anlanden und nach Muscheln Ausschau halten. Alternativ bietet sich ein Adrenalinkick demjenigen, der auf dem Jetski durch die Mangroven flitzt. Und ein wahrlich tierisches Vergnügen bescheren Urlaubern die Ausflugsfahrten, um Delfine oder Manatees, die bis zu 550 Kilogramm schweren Seekühe, zu beobachten. Inmitten der Inselwelt bestehen dafür stets gute Chancen!

Mit dem Kajak durch die Everglades

Als UNESCO-Weltnaturerbe ausgezeichnet, zählt der Everglades National Park zu den beliebtesten Attraktionen in ganz Florida und bildet das südliche Highlight der Paradise Coast. Natürlich lässt sich das tropische Marschland auf einer der populären Touren mit dem Propellerboot erleben. Mit Glück sichten die Reisenden neben Alligatoren auch Adler, Panther oder Waschbären ebenso wie Orchideen und Wasserlilien.

Doch viel individueller und persönlicher – und natürlich leiser – können die Sümpfe und Mangroven bei geführten Ausflügen mit dem Kanu oder Kajak erkundet werden. Everglades Area Tours nimmt seine Teilnehmer für zwei Stunden mit in die vielfältige Tier- und Pflanzenwelt von Nordamerikas einzigem subtropischen Naturschutzgebiet. Zum Sonnenaufgang oder -untergang empfiehlt sich ein Spaziergang zum Audobon's Corkscrew Swamp Sanctuary, um die Sumpflandschaft entspannt und ruhig zu genießen. Einen Fotostopp ist auch das Ochopee Post Office am Tamiami Trail, rund zehn Autominuten östlich von Everglades City, wert: Es gilt als kleines Postamt der USA!

Kanutouren sind ideal, um die Paradise Coast zu erkunden.

paradisecoast.com/de

Die Paradise Coast liegt im südwestlichen Florida. Der Flughafen Fort Myers ist mit dem Auto in 40 Minuten erreichbar, der Flughafen von Miami binnen zwei Stunden. Nach Orlando mit seinen vielen Themenparks sind es gut vier Stunden.

Capital Region

Chesapeake & Ohio Canal mit Doppel-Jubiläum

Spektakulärer Kanalabschnitt: Paw Paw Tunnel

Was einst für wirtschaftliches Wachstum und Handel stand, ist heute ein beliebtes Urlaubsziel für Natur- und Outdoor-Liebhaber: Der Chesapeake & Ohio Canal (auch C&O Canal genannt) in der US-Hauptstadtregion wurde im Oktober 170 Jahre alt – und der daraus entstandene Chesapeake and Ohio Canal National Historical Park feiert in diesem Jahr seinen 70. Geburtstag.

Der Chesapeake & Ohio Canal schlängelt sich rund 300 Kilometer durch die Capital Region.

Der Kanal verläuft zwischen Cumberland im Bundesstaat Maryland und der Hauptstadt Washington DC über eine Distanz von rund 300 Kilometern parallel – und nur wenige Meter entfernt – zum Potomac River. Der Bau begann 1828 in Washington DC – damals diente der Kanal vor allem zum Transport von Holz, Kohle und landwirtschaftlichen Waren. Ursprünglich sollte er Ohio mit der Chesapeake Bay (siehe Seite 80) verbinden, letztendlich führt er jedoch nur bis nach Cumberland, da sich der Schienennetzausbau der Eisenbahn als profitabler und schneller erwies und somit 1850 der Weiterbau stoppte.

In den 1940er-Jahren war die Idee aufgekommen, den inzwischen ungenutzten Kanal in eine Straße umzuwandeln, was jedoch an Protesten der Bevölkerung scheiterte. Schließlich erhielt der Kanal 1971 den Status National Historical Park und ist als Chesapeake and Ohio Canal National Historical Park sowohl bei Einheimischen als auch bei Touristen beliebt – ein Ereignis, das dieses Jahr sein 70-jähriges Jubiläum feiert.

Outdoor-Abenteuer auf dem Wasser, zu Fuß und mit dem Fahrrad

Entlang des C&O Canals führt eine Panoramastraße, der C&O Canal Scenic Byway, Besucher zu den zahlreichen Sehenswürdigkeiten sowie Outdoor-Aktivitäten – und ist eine perfekte Möglichkeit, den gesamten Verlauf des Kanals zu erleben. Zum Entdecken auf dem Wasser eignen sich vor Ort angebotene Bootsfahrten. Die wohl authentischsten sind die Great Falls Canal Boat Rides. Hier wird das Boot wie in den 1870er-Jahren mit Maultieren flussaufwärts gezogen, und Mitarbeiter in historischer Kleidung beschreiben das Leben der Menschen, die einst auf dem Kanal lebten und arbeiteten. Auf dem Treidelpfad, der direkt am Kanal entlangführt, bieten sich Wanderungen und Radtouren an. Bei Weverton kreuzt der bekannte Appalachian Trail den Verlauf des C&O Kanals – auch hier lassen sich verschiedene Wandertouren hervorragend kombinieren. Highlights entlang der Wasserstraße sind die 74 Schleusen, elf steinernen Aquädukte und der 950 Meter lange, mit 5,8 Millionen Ziegelsteinen befestigte Paw Paw Tunnel, dessen Bau einen Umweg von acht Kilometern vermied. Der Paw Paw Tunnel kann von Fußgängern und Radfahrern genutzt werden.

Geschichte hautnah erleben

Wer sich für die Geschichte des Kanals interessiert, findet dazu Museen in Cumberland, Sharpsburg und Brunswick. Sharpsburg lockt historisch interessierte Besucher ebenfalls mit dem Antietam National Battlefield. Für das richtig authentische Kanalleben sorgen die noch erhalten gebliebenen Schleusenhäuschen. Einige der sogenannten Lockhouses entlang des Flussverlaufs lassen sich als Übernachtungsmöglichkeit buchen und sorgen mit ihrem rustikalen Flair für eine Zeitreise zurück ins 19. Jahrhundert.

nps.gov/choh
canaltrust.org
capitalregionusa.de

UNTERKUNFT
In mehreren historischen Schleusenhäuschen (Lock Houses) können Reisende übernachten, ab 110 USD pro Nacht; *canaltrust.org/programs/canal-quarters/canal-quarters-lockhouses-overview*

AKTIVITÄTEN
Bootsfahrten werden in Williamsport und Great Falls angeboten; *nps.gov/choh/planyourvisit/public-boatrides.htm*

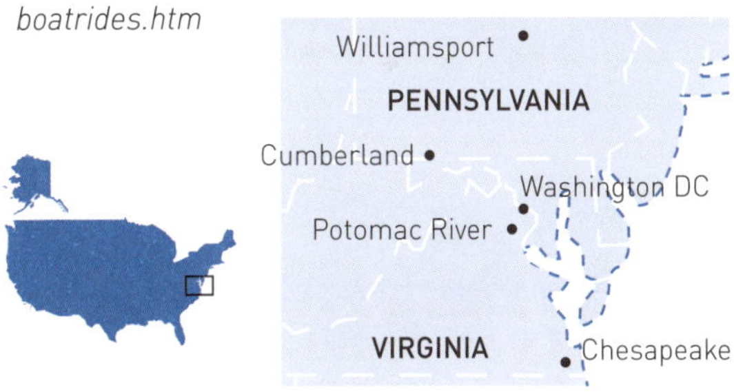

The Bay

Größte Flussmündung der USA

Sie ist Schauplatz von Mythen und historischen Ereignissen, Spielplatz superreicher Politiker als auch hemdsärmeliger Einheimischer und trotz ihrer nationalen Berühmtheit im Ausland kaum bekannt. Die von den Bundesstaaten Maryland und Virginia umgebene Chesapeake Bay steckt voller Widersprüche, die sie zu einem idealen Ziel für neugierige Besucher der Ostküste machen.

Nachbau des Boots von Kapitän John Smith

Mit ihren 12.000 Quadratkilometern Wasserfläche (und damit halb so groß wie Mecklenburg-Vorpommern) ist das bei Ortsansässigen liebevoll nur „The Bay" genannte Gewässer für europäische Verhältnisse schon fast ein Meer. Doch tatsächlich ist die Bucht eigentlich nur eine gigantische Mündung, in der mehr als 150 Flüsse zusammenlaufen, bevor sie sich im Süden in den Atlantik ergießen. Im Westen wird sie meist eingerahmt von einer Steilküste, und im Osten finden sich auf der Delmarva Peninsula größtenteils geschützte, ausgedehnte Marschlandschaften, Wälder und Weidegebiete. Über 300 Kilometer lang erstreckt sich die Bay von Nord nach Süd, wobei sie größtenteils überraschend flach ist. Die tiefste Stelle ist nur 53 Meter tief, der Durchschnitt liegt bei guten sechs. Und so könnte angeblich eine erwachsene Person ein Viertel der Fläche der Bay durchwaten, ohne dass ihr Hut nass werden würde.

Erste Kolonie Englands

Kein Wunder also, dass dieses relativ ruhige Gewässer schon früh europäische Abenteurer anzog, um hier anzulanden und den neuen Kontinent zu erkunden. John Smith war 1607 einer dieser Pioniere und errichtete hier die erste erfolgreiche Kolonie Englands in Nordamerika namens Jamestown. Nicht viel später wurde er von einem Indianerstamm gefangen genommen. Und behauptete anschließend, er sei nur freigekommen, weil die Häuptlingstochter Pocahontas sich in ihn verliebte und sich vor ihn warf, als er schon am Marterpfahl stand. Wie wahr die Geschichte des zur Übertreibung tendierenden Smith ist, auf der auch ein bekannter Disneyfilm basiert, weiß niemand. Doch historische Tatsache ist, dass der südliche Eingang der Bucht 1781 Schauplatz des Battle of the Virginia Capes war: In dieser Seeschlacht besiegte die französische Flotte die Royal Navy und verhinderte somit, dass die britischen Landtruppen Unterstützung bekamen – was letzten Endes zur Unabhängigkeit der USA führte.

Kultur und Kulinarisches

Ein idealer Ort, um die interessante Vergangenheit der Bay besser kennenzulernen und auch historische Schätze wie alte Boote, Leuchttürme und vieles mehr zu sehen, ist das Chesapeake Bay Maritime Museum in St. Michaels. Hier restaurieren und bauen Freiwillige Boote nach alter Art. Kinder können Austern, Aale

und Krabben fischen, und es wird die vielfältige Flora und Fauna der Bay vorgestellt. Man erfährt unter anderem, dass die Bucht lange Zeit bekannt war für ihre reichen Fanggründe, insbesondere für Meeresfrüchte. Selbst heute noch wird die Amerikanische Auster nach traditioneller Methode mittels Skipjack-Schiffen ohne Motor geerntet, und meist frittiert oder roh verspeist – ganz nach Ami-Art mit Ketchup statt Zitronensaft.

Doch nicht nur die Austern sind eine kulinarische Besonderheit der Chesapeake Bay. Noch berühmter sind die Maryland

Altes Leuchtturmhaus im Chesapeake Bay Museum

Chesapeake Bay Museum

Bootsschuppen zur Restauration von historischen Schiffen im Chesapeake Bay Museum

Blue Crabs. Diese Blaukrabben sind eine wahre Delikatesse und fast überall entlang der Bay zu bekommen – meist gedünstet, wodurch sie ihre namensgebende Farbe verlieren und knallrot werden. Da die Tiere generell im Ganzen serviert werden, empfiehlt sich wegen der Sauerei beim Öffnen – mit Hammer und Zangen, um an das zarte, weiße Fleisch zu kommen – ein Restaurant unter freiem Himmel. Ein Geheimtipp dafür ist das Waterman's Crab House in Rock Hall: Direkt am Wasser gelegen, hat dieses familiengeführte Restaurant in einem ehemaligen Fischmarkt mit seinen kulinarischen Kreationen bereits Preise gewonnen und begeistert Besucher an Wochenende mit Live-Musik.

Marina in Annapolis

Pulsierende und ...

So schön relaxt und ruhig das Ostufer auch ist, sollten Reisende nicht die belebtere Westseite der Bay ignorieren. Die größte Stadt in Baltimore mit ihrer spätestens seit den durch ihre Statistiken zum Corona-Virus weltweit bekannten Universität Johns Hopkins ist zwar etwas rough, doch macht genau das ihren Charme aus. Sie besitzt einen der bedeutendsten Seehäfen in den USA und war dank einer regelmäßigen Schifffahrtsverbindung des Norddeutschen Lloyds von Bremerhaven aus nach New York der zweitgrößte Einwanderungshafen im Land.

Maryland State House in Annapolis

... elegante Städte

Vornehmer präsentiert sich die schmucke Kleinstadt Annapolis, der heutige Regierungssitz von Maryland und die ehemals kurzzeitige Hauptstadt der jungen USA im späten 18. Jahrhundert. Segeln scheint den Bewohnern in die Wiege gelegt zu sein – und nicht von ungefähr ist hier auch die US Naval Academy ansässig. Alljährliche findet im Oktober außerdem eine große Bootsmesse statt, und täglich wird irgendwo eine Regatta ausgetragen. Seefeste Wasserratten sollten unbedingt ein Segelboot chartern. Dabei lohnt es sich, in die vielen Flussarme beidseits der Bucht vorzustoßen, wo es neben protzigen Anwesen von reichen Politikern auch hart arbeitenden Fischer und Bauern zu sehen gibt. Sitzt man dann abends bei

einem Glas Wein und genießt den Sonnenuntergang, sollte man auf keinen Fall vergessen, einen Köder an einer simplen Schnur ins Wasser zu hängen. Mit etwas Gefühl und einer Prise der lokalen Gewürzmischung „Old Bay" zaubert man so das frischeste crab feast auf den Tisch, das man sich vorstellen kann.

Michaela Urban

Michaela Urban ist als selbständige Reisefotografin und -autorin weltweit und am liebsten weit weg von Touristenmassen unterwegs. Im Rahmen der 360° Reiseführer-Serie „Abseits der ausgetretenen Pfade" erschienen von ihr zwei Bände zu Queensland (Norden bzw. Süden) sowie jüngst die Ausgabe zu Oberbayern.
michaelaurban.com

nps.gov/chba/planyourvisit/index.htm
visitmaryland.org/great-chesapeake-bay-loop

ANREISE
Nächstgelegene Flughäfen sind der Washington Dulles International Airport außerhalb von Washington DC sowie der Baltimore-Washington International Airport in Baltimore (beispielsweise mit British Airways und einem Zwischenstopp).

UNTERKUNFT
Osprey Point Inn: Unterkunft im Kolonialstil mit Restaurant und Marina am Swan Creek, DZ ab 235 USD; 20786 Rock Hall Avenue, Rock Hall, MD 21661, +1 410 639 2194, *ospreypoint.com*

Hambleton Inn: Bed & Breakfast im ehemaligen Haus eines Schiffsbauers direkt am Wasser; DZ ab 255 USD; 202 Cherry St, St. Michaels, MD 21663, *hambletoninnbb.com*

ESSEN & TRINKEN
Waterman's Crab House: Familiengeführtes Restaurant mit traditioneller Küche direkt am Wasser; 21055 W Sharp St, Rock Hall, MD 21661, *watermanscrabhouse.com*

AKTIVITÄTEN
Chesapeake Bay Maritime Museum: Sehenswertes Museum mit Ausstellungen drinnen und draußen; 213 North Talbot Street. St. Michaels, Maryland 21663, *cbmm.org*

Dream Yacht Charter Annapolis: Segelbootvermietung mit und ohne Skipper; 7080 Bembe Beach Rd #211, Annapolis, MD 21403, *dreamyachtcharter.com/destination/annapolis*

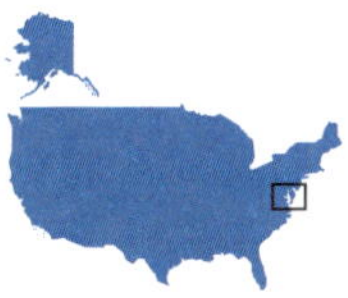

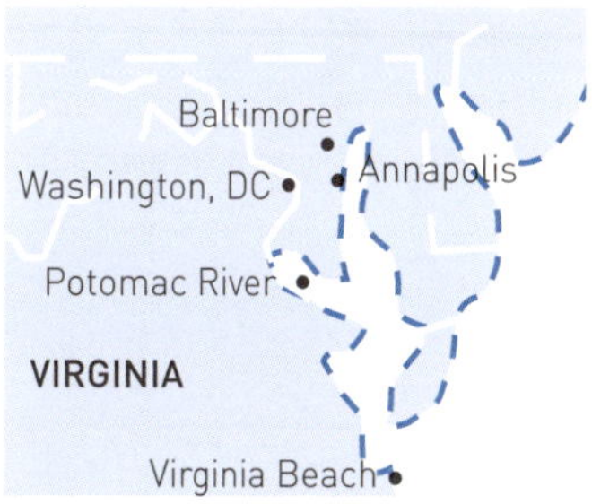

Weitere Bücher, Magazine, DVDs, Kalender und mehr finden Sie online.

USA - SÜDWESTEN
50 Highlights abseits der ausgetretenen Pfade

Dieses Buch ist der ideale Reisebegleiter für Menschen, die die Bundesstaaten Arizona, Nevada und Utah abseits der bekannten Touristenmagneten erleben wollen – ursprünglicher und naturbelassener.

360° medien, 220 Seiten, Preis 14,95 €
ISBN 978-3-948097-80-6

Auch als E-Book erhältlich!

360° USA
Magazine

Ältere Magazine aus den Jahren 2018 und 2019.

360° medien, jeweils 6,50 €

360° UM DIE WELT
Alle Länder von Sonnenaufgang bis Sonnenuntergang

Start und Ziel dieses Buches ist die Datumsgrenze. Dazwischen liegen 360 Längengrade, 206 anerkannte und weniger anerkannte Staaten, Milliarden Menschen und unendlich viele Geschichten.

360° medien, 436 Seiten, Preis 19,95 €
ISBN 978-3-948097-81-3

DER OFFIZIELLE GEOCACHING-GUIDE

Der erste offizielle Guide, der auf amüsante Art und mit wertvollen Tipps sowohl Einsteigern eine willkommene Starthilfe gibt, als auch mit detaillierten Zusatzinformationen erfahrenen Premium Cachern einen tieferen Einblick bietet.

360° medien, 200 Seiten, Preis 14,95 €
ISBN 978-3-948097-82-0

5 JAHRESZEITEN NORDAMERIKA

Auf 50.000 km bereisen die Autoren Kanada und die USA, ziehen mit ihrem Wohnmobil ihre Route vom Winter in Neufundland zum Frühling an den Großen Seen, dem Sommer am Mississippi über die Herbstfarben des Indian Summer ins vorweihnachtliche New York.

360° medien – traveldiary, 192 Seiten, Preis 14,80 €
ISBN 978-3-944365-49-7

MANUKA-HONIG

Das Allroundtalent aus Neuseeland für Ihr Wohlbefinden - ein Praxisratgeber mit Anwendungstipps, Erfahrungsberichten und Rezepten.

360° medien, 128 Seiten, Preis 7,95 €
ISBN 978-3-96855-068-8

360° medien | Marie-Curie-Straße 31 | 40822 Mettmann | Tel.: +49 2104 5063 100 | Fax: +49 2104 5063 156
Web: www.360gradmedien.de | E-Mail: info@360gradmedien.de

Neuengland

Auf den Spuren der ersten Siedler

Im Freilichtmuseum informieren Schauspieler über das Leben der ersten Siedler.

Vor 400 Jahren landete die „Mayflower" in Amerika. Ihre Passagiere gründeten die erste englische Kolonie in Neuengland und prägen die USA bis heute. In den kommenden Monaten wird der Geschichte in der Region rund um Cape Cod gedacht. Doch reine Freudenfeiern sind nicht geplant – auch wegen des Schicksals der Indianer.

Wer während der Corona-Pandemie versucht hat, den Atlantik zu überqueren, kann so manche Geschichte erzählen. Von gestrichenen Flügen, Gesundheitschecks und Quarantänezeiten. Doch all das ist

Angehöriger amerikanischer Völker berichten über die Kultur ihrer Vorfahren.

Nichts im Vergleich mit dem Alptraum, den Sarah Warren durchstanden hat. Warren entschied sich für eine Überfahrt per Segelschiff. Das jedoch geriet in einen schweren Sturm. In größter Not kappten die Matrosen sogar den Hauptmast. „Zum Glück wusste ich da noch nicht, dass Seeleute dies nur machen, wenn sie glauben, dem Schiff drohe der Untergang", sagt Warren, während sie im Gemüsegarten ihres Hauses bei Plymouth in Massachusetts arbeitet.

Lebendes Museum

Einzig zu Flugzeugen weiß Warren nichts zu sagen. Kein Wunder, denn Warrens Reise liegt schon länger zurück – exakt vier Jahrhunderte, um genau zu sein. Mit ihr sprechen kann man trotzdem: in der Plimoth Plantation. Schauspieler übernehmen in dem Freilichtmuseum die Rollen historisch nachgewiesener Bewohner.

Wenige Kilometer außerhalb der Stadt Plymouth zeigt das Museum eindrücklich die Lebensbedingungen der ersten englischen Siedler. Die ärmlichen Holzhäuser mit ihren offenen Feuerstellen sind kaum gedämmt gegen die strengen nordamerikanischen Winter, als Fußboden dient die festgetretene Erde. Die ersten Europäer waren im November 1620 vor der Küste gestrandet, nachdem ihr Schiff, die „Mayflower", in schwerer See vom ursprünglichen Ziel Virginia abgekommen war. Kurzerhand legten sie hier den Grundstein für das heutige Neuengland.

Detailliert bereiten sich die Schauspieler auf ihre Rollen vor und pauken nicht nur die Lebensdaten der von ihnen dargestellten Person, sondern studieren auch das Rechts- und Wirtschaftssystem der Zeit. So berichtet Susanna Winslow über die komplizierten Kontakte der Siedler zu den Indianern. „Mit unseren Nachbarn haben wir gute Beziehungen", sagt sie. „Mit ihnen sind wir verbündet. Probleme haben wir mit jenen ‚Naturals', die weiter weg leben. Diese haben uns sogar bedroht!"

Frau Winslow kann in ihrer Rolle nur die Sichtweise der englischen Siedler darstellen. Ebenfalls auf dem Gelände berichten

Nachbau der englischen Siedlung

deshalb Angehöriger indianischer Völker – keine Schauspieler – von Koch- und Jagdtechniken ihrer Vorfahren oder der indianischen Architektur.

Gedenkfeiern verschoben

Gerade die Beziehungen von Indianern und Siedlern sind für die aufgrund der Corona-Pandemie weitgehend auf das Jahr 2021 verschobenen Veranstaltungen zum 400. Jahrestag der Ankunft der „Mayflower" eine Herausforderung. Denn einerseits sind viele Amerikaner stolz auf die Errungenschaften der Siedler, die sich in einer ihnen unbekannten, harschen Umgebung letztlich erfolgreich durchschlugen. Aus der Perspektive der Indianer stellt sich die Geschichte hingegen nicht ganz so positiv dar. Zwar pflegte Plymouth im Gegensatz zu späteren Gründungen wie Boston gute nachbarschaftliche Beziehungen zu den in der Umgebung lebenden Wampanoag-Indianern. Langfristig aber führte die Kolonisation zum Tod zahlloser Indianer durch Krankheiten und Kriege sowie schließlich zum Ende der indianischen Kultur in ihrer bisherigen Form.

In diesem Spannungsfeld haben die neuenglischen Städte entschieden, die Veranstaltungen, die zum 400. Jahrestag der Ankunft der „Mayflower" geplant sind, nicht als Feierlichkeit sondern als Gedenkfeier zu begehen, die die verschiedenen Sichtweisen zusammenbringen soll. Auf Cape Cod etwa kam es am First Encounter Beach zum ersten Zusammentreffen der Siedler mit Indianern. Die schossen zur Warnung einige Pfeile in Richtung der Europäer – vermutlich, weil europäische Seefahrer zuvor bereits Indianer entführt hatten. An einem Denkmal ist der Zwischenfall aus Sicht der Europäer festgehalten: Die Inschrift berichtet von einem Überfall „feindlicher Wilder". Die Bürgerschaft der Stadt nutzte den Jahrestag zur Auseinandersetzung mit diesem Text. Ein Ergebnis: Niemand ist mit ihm glücklich, er soll eventuell in ein Museum überführt werden, in dem der Kontext erläutert werden kann.

Das Plymouth Rock Monument wurde dort errichtet, wo die ersten Siedler angeblich an Land gingen.

In Provincetown ging die „Mayflower" das erste Mal in der Neuen Welt vor Anker.

Komplexe Restaurierung

Nicht weit entfernt, in Provincetown, an der Spitze von Cape Cod, sollte vor allem die Erinnerung an die „Mayflower" im Zentrum der Gedenkfeiern stehen, die dort zum ersten Mal in der Neuen Welt ankerte. Dieses im Rückblick so bedeutsame Schiff hat die Jahrhunderte zwar nicht überdauert, doch 1957 schenkte Großbritannien den USA einen Nachbau, der auf historischer Route über den Atlantik segelte. Nach rund 60 Jahren musste die „Mayflower II" allerdings aufwendig restauriert werden. Die vergangenen drei Jahre lang lag sie deshalb auf der Werft.

Dort stellte Kapitän Whit Perry die Restaurierung vor gleich zwei Herausforderungen: „Eines der größten Probleme ist, passendes Holz zu finden", sagt Perry. Fast überall auf der Welt sind die Wälder gerodet, die einst das Baumaterial für Masten und Planken lieferten. Die meisten Bäume sind heute jünger und kleiner als damals. Für viele Teile musste deshalb Holz aus einem Spezialforst in Dänemark gekauft werden. Das zweite Problem, berichtet Perry, war es, genügend Schiffszimmerleute zu finden, die heute noch Holzschiffe dieser Art restaurieren können.

Nachdem die „Mayflower II" das Trockendock verlassen konnte, dehnten sich die Holzplanken im Wasser langsam aus, während die aus Baumwolle bestehenden Nähte zwischen ihnen das Schiff abdichteten. Parallel wurde es im Inneren ausgebaut und mit neuen Segeln ausgestattet. Anschließend segelte Kapitän Perry das Schiff, begleitet von zahlreichen kleineren Booten und Tausenden Schaulustigen, nach Plymouth – um genau an dem Ort festzumachen, an dem einst schon die ersten englischen Siedler an Land gingen.

Tobias Sauer

Schon während seiner ersten USA-Reise als Jugendlicher mit seinen Eltern hatte unser Autor Tobias Sauer die „Mayflower II" in Plymouth besucht. Auch bei seinem zweiten Besuch im Rahmen der Recherche für 360 Grad USA hatte der Nachbau des Schiffes, auf dem einst die ersten Siedler Neuengland erreichten, von seiner Faszination nichts eingebüßt. Er schreibt regelmäßig über spannende Reiseziele und fesselnde Geschichtsthemen. *tobias-sauer.de*

ANREISE

Eingangstor zur Region ist Boston. Lufthansa bietet Nonstopflüge ab Frankfurt/Main, vor Ort weiter mit dem Mietwagen. Wer nur von Boston nach Provincetown fahren möchte, sollte die Fähre der Bay State Cruise Company (*baystatecruisecompany.com*) nehmen, die viele Stunden Fahrtzeit spart und das Ankommen im schönen Städtchen Provincetown von dessen Schauseite, nämlich vom Wasser her, ermöglicht.

PLYMOUTH

Best Western Plus Cold Spring: Fußläufig zu den wichtigsten Sehenswürdigkeiten, DZ ab 130 USD inklusive Frühstück und Parkplatz; 180 Court St, Plymouth, MA 02360, *bestwestern.com*

East Bay Grille: Frisch gefangene Meeresfrüchte aus Neuengland als auch exzellent gebratene Steaks; 173 Water St, Plymouth, MA 02360, *eastbaygrille.com*

Pilgrim Hall Museum: Informiert über die frühe Geschichte der Stadt und die Beziehungen der Siedler zu den örtlichen Wampanoag; 75 Court St, Plymouth, MA 02360, *pilgrimhall.org*

Plimoth Plantation: Im Freilichtmuseum übernehmen Schauspieler die Rollen der Siedler, gute Englischkenntnisse empfehlenswert; 137 Warren Ave, Plymouth, MA 02360, *plimoth.org*

Mayflower II: Besichtigungen des Nachbaus des Schiffes der ersten englischen Siedler möglich; Water St, Plymouth, MA 02360, *plimoth.org/explore/mayflower*

PROVINCETOWN

Benchmark Inn: Entspannter Luxus im Herzen von Provincetown, ab 139 USD; 6 Dyer St, Provincetown, MA 02657, *benchmarkinn.com/de*

Tin Pan Alley: Schöner Blick auf den Hafen und köstliche frische Meeresfrüchte; 269 Commercial St, Provincetown, MA 02657, *tinpanalleyptown.com*

Pilgrim Monument und Provincetown Museum: Aussichtsplattform und umfassende Ausstellung; 1 High Pole Hill Rd, Provincetown, MA 02657, *pilgrim-monument.org*

400-JAHR-GEDENKFEIERN

Plymouth und Provincetown gedenken der Ereignisse von 1620. Aufgrund der Corona-Pandemie sind viele Veranstaltungen auf 2021 verschoben. Programm: *plymouth400inc.org*, *ptowntourism.com/events/provincetown400*

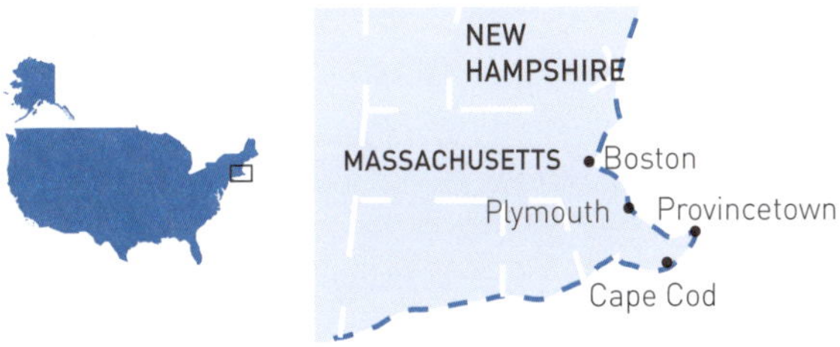

360°

USA Leserfoto-Wettbewerb

An dieser Stelle präsentieren wir in jeder Ausgabe die schönsten Fotos unserer Leser. Schicken Sie uns Ihr Lieblingsmotiv aus den USA in möglichst hoher Auflösung und mit kurzer Motivbeschreibung an: redaktion@360grad-medien.de. Mit etwas Glück veröffentlichen wir Ihr Foto an dieser Stelle oder gar im 360° USA Leserfotokalender 2022.

Palace of Fine Arts, San Francisco.(California), Fotografin Claudia Kästle

Cape Hatteras Lighthouse (North Carolina), Fotograf Philipp Fischinger

Burr Trail Switchbacks (Utah), Roland Zeller

Unter Giganten. Avenue Of the Giants im Humboldt Redwoods State Park (California), Fotograf Daniel Müller

Ausblicken

Mogollon Rim, Arizona: Unberührter Wald, einsame Seen und viel Natur

North Cascades National Park, Washington State: Ein Geheimtipp unter den Nationalparks

Prohibition in North Carolina: Besuch bei den Nachfahren der „Moonshiner"

Unsere nächste Ausgabe:
360° USA 2/2021 erscheint im September 2021*

*Änderungen vorbehalten

Impressum

360° USA erscheint halbjährlich
360° medien
Marie-Curie-Str. 31 | 40822 Mettmann,
Tel.: +49 2104 50 63 -100 | E-Mail: info@360grad-medien.de
redaktion@360grad-medien.de | www.360grad-medien.de

Geschäftsführung: Christine Walter

Chefredaktion (V.i.S.d.P.): Christian Dose
E-Mail: c.dose@360grad-medien.de

Mitarbeiter dieser Ausgabe: Christian Dose, Monika Hamberger, Christian Heeb, Michael Juhran, Tobias Sauer, Michaela Urban

Design und Layout: 360° medien | Serpil Sevim-Haase

Anzeigenleitung:
Stefanie Pöller | E-Mail: s.poeller@360grad-medien.de
Tel.: +49 2104 50 63 -106

Marketing und Vertrieb, Leserservice:
Julia Schüller | E-Mail: vertrieb@360grad-medien.de
Tel.: +49 2104 50 63 -100

ISBN: 978-3-96855-080-0 | **ISSN:** 2567-0514

Vertrieb Presseeinzelhandel:
IPS Pressevertrieb GmbH, 53334 Meckenheim, www.ips-d.de
Einzelpreise im Handel: D, A, Europa: 9,50 € | Schweiz: 13,60 CHF

Jahresabonnement 360° USA: Deutschland 24 €, Ausland EU 30 €, Ausland Welt 34 €. Das Abonnement verlängert sich automatisch um ein weiteres Jahr, wenn es nicht sechs Wochen vor Ablauf gekündigt wird. Der Jahrespreis für das Abonnement enthält zwei Ausgaben des Magazins 360° USA (Einzelpreise jeweils 9,50 €) sowie einen Wandkalender im A4-Format mit den schönsten Leserfotos aus den USA (Einzelpreis 12,50 €). Ebenfalls enthalten sind im Abonnement zusätzlich die Versandkosten und - soweit erforderlich - die gesetzliche Mehrwertsteuer.

Bildnachweise: 32 Ranch S. 74; Adobe Stock Fotos S. 1 (Jeanne) AIANTA S. 7 li (Andrew James/South Dakota); Conbook Verlag S. 55 re; CPW S. 8 re o (Wayne D. Lewis); Dixie Dude Ranch S. 20; Ron Chancey S. 92 u; Christian Dose S. 22 li, 24, 36, 56, 63 o, 64 li; DuMont Reiseverlag S. 55 li u; El Meson de Pepe S. 13 o; Eisenhower Memorial Commission S. 6 li; Experience Scottsdale S. 10 o, 11; Fort Worth CVB S. 18 o; Great Rivers & Routes Tourism Bureau S. 6 re; Rainer Hamberger S. 70-73, 75; Hawk Visuals Media S. 88; Christian Heeb S. 5 u und re, 28-35; Jan de Jonge S. 98 o; Michael Juhran S. 58-61; Luckenback Texas S. 23 u; Maryland Office of Tourism S. 78 o, 79; Massachusetts Office of Travel and Tourism S. 90 o; Naples Marco Island Everglades CVB S. 76 o (Lori Oberhofer/NPS), 76 u (Paul Osborn/Naples Botanical Garden), 77 o (Jono Fisher), 77 u; Andy Porter S. 98 mi; NMAAM/353 Media Group S. 7 re; Penguin Verlag S. 55 li o; Pixabay S. 62, 63 u, 64 r, 78 u; REI Co-op Experiences S. 10 u; Tobias Sauer S. 90 u, 91, 92 o, 93, 98 u; Tennessee Tourism/Dolly Parton S. 7 re; TourismWestVirginia S. 8 re o (Meghan Smith); Travel Texas S. 4, 5 o li, 16 u, 17, 18 mi und u, 19 o und mi, 22 re, 23 o, 26, 27, 37, 38; Michaela Urban S. 80-85; Utah Office of Tourism S. 9 o (Scott Markewitz), 9 u (Jay Dash), 66 (Paul Brady), 67 (Rosie Serago), 68 o (Lokelani Lynn), 68 u (Jay Dash), 69 o (Matt Gee), 69 u (Royce's NightScapes); Visit Austin S. 14 (Geoff Duncan); Visit Dallas S. 16 o;Visit Florida S. 12 u; Visit Houston S. 19 u; Visit San Antonio S. 5 li o; Visit Pittsburgh S. 8 li (JP Diroll); Visit Tampa Bay S. 12 o, 13 u.